自己有用感 自尊感情 を育てる コーチング・アプローチ

神谷 和宏
Kamiya Kazuhiro

明治図書

INTRODUCTION

はじめに

　多くの子どもは，自分自身に対して何かしらの劣等感をもっています。
　しかし，他者から認められる経験や他者の役に立ったという経験をなかなかもてない子どもは，この劣等感が次第に大きくなり，やがて，「自分には価値があり，尊敬されるべき人間であると思う感情」（自尊感情）や「他者との関係の中で，自分がどれだけ大切な存在であるかということを，自分自身で認識する感覚」（自己有用感）を失ってしまいます。
　このことは，多くの先生方が現在の教育現場における切実な問題の1つと認識されていることと思います。
　考えてみれば，だれしも必ず他人と比べると劣っている面があります。
　例えば，教師である私はプロ野球選手に比べると野球は下手です。
　一方で，私はプロの教師ですから，一般的なプロ野球選手と比べると，子どもに教えることは得意であると言えるでしょう。
　このように，ちょっとした見方の転換ができれば，多くのことは劣等感を抱くほどのことではありません。しかし，大人よりも世界が狭い子どもには，それがなかなかできません。そこで，教師の手助けが必要になるわけです。
　本書では，その手助けの具体的なアプローチの方法として，コーチングに基づく様々なスキルを紹介しています。それらを実践していただくことで，子どもたちが自分らしさを取り戻し，幸せな生き方と自分らしい人生を送ることができるようになることを願っています。

2017年6月

神谷　和宏

CONTENTS
もくじ

はじめに

第1章
自己有用感・自尊感情を育てることの大切さ

「私なんか…」の背景にあるもの ……………………………………………… 12

子どもの「自尊感情」を高めるために ………………………………………… 16

子どもの「自己有用感」を高めるために ……………………………………… 20

自己有用感や自尊感情を高める「コーチング」とは ………………………… 24

第2章
子どもの自己有用感・自尊感情を育てるコーチングスキル

すべてのアプローチに通じる最優先課題 ……………………… 28
【🔒ラポール】

子どもの実態を把握するスキル ……………………………… 30
【🔒観察】

子どもの認識とのギャップを埋めるスキル ………………… 32
【🔒削除，歪曲，一般化】

子どもの味方になるスキル …………………………………… 34
【🔒味方】

子どもの問題行動に冷静に対処するスキル ………………… 36
【🔒寛大，未熟さの自覚】

瞬時に人間関係を整えるスキル ……………………………… 38
【🔒ペーシング】

子どもの自己開示や具体的行動を促すスキル ……………… 40
【🔒傾聴】

子どもに安心感を与え，前向きな気持ちを引き出すスキル ……… 42
【🔒 おうむ返し】

子どもに自分の個性を自覚させるスキル ……… 44
【🔒 個性】

子どもに自分の強みを自覚させるスキル ……… 46
【🔒 強み】

子どもにやる気をもって実行させるスキル ……… 48
【🔒 Want, Must, Can】

子どもの意識を前向きに切り替えるスキル ……… 50
【🔒 アソシエイト，デソシエイト】

子どもを承認するスキル❶ ……… 52
【🔒 You メッセージ，I メッセージ】

子どもを承認するスキル❷ ……… 54
【🔒 具体的な事実】

子どもに自分のよさに気づかせる質問のスキル ……… 56
【🔒 拡大型質問，特定型質問】

子どもの可能性を引き出す質問のスキル ……… 58
【🔒 未来型質問，過去型質問】

子どもに成功の手がかりを与える質問のスキル❶ ……… 60
【🔒 肯定型質問，否定型質問】

子どもに成功の手がかりを与える質問のスキル❷ ……… 62
【🔒 4W1H】

子どもによいイメージを描かせるスキル ……………… 64
【🔒五感】

抽象的なイメージを具体的な行動に結びつけるスキル ……………… 66
【🔒チャンク・ダウン】

具体的な行動から理想像をイメージさせるスキル ……………… 68
【🔒チャンク・アップ】

自信を喪失した状態を抜け出すきっかけを子どもに与えるスキル ……………… 70
【🔒今が完全】

子どもに自己決定させながら成長に結びつけるスキル ……………… 72
【🔒提案】

子どもに教師から期待されていると感じさせるスキル ……………… 74
【🔒リクエスト】

子どもに広い視野をもたせるスキル ……………… 78
【🔒ブロードビュー】

子どもに明確な目標を設定させるスキル ……………… 80
【🔒ビジョン】

子どもの沈黙に対処するスキル ……………… 82
【🔒沈黙】

子どものマイナス思考を転換させるスキル ……………… 84
【🔒事実，解釈，決断】

子どもに成功のイメージをもたせるスキル ……………… 86
【🔒モデリング】

子どもの思い込みをプラスに転換するスキル 88
【🔒思い込み】

子どもが目標に向かう原動力を引き出すスキル 90
【🔒リソース】

段取りよく物事に取り組めるように子どもを導くスキル 92
【🔒優先事項，後先事項】

子どもの価値観を明確にするスキル 94
【🔒価値観】

子どもに時の流れに沿って目標をとらえさせるスキル 96
【🔒未来，現在，過去】

枠組みを変えて子どもに新たな価値観を示すスキル 98
【🔒状況のリフレーミング，内容のリフレーミング】

子どもの短所を長所に変換するスキル 100
【🔒置き換え】

「できない思考」の繰り返しから子どもを脱却させるスキル 106
【🔒ミルトン・モデル】

第3章 教師の自尊感情を高めるコーチングスキル

自分の教育活動に自信を与えるスキル❶ ……………………………………… 110
【🔒ミッション・ステートメント】

自分の教育活動に自信を与えるスキル❷ ……………………………………… 112
【🔒子どもの事実，変容】

自身の内面を冷静に見つめ，人間関係の改善を図るスキル ………………… 114
【🔒エンプティ・チェア】

潜在的な能力や資質を引き出すスキル ………………………………………… 116
【🔒アファメーション】

おわりに

第1章
自己有用感・自尊感情を育てることの大切さ

Chapter 1

第1章 自己有用感・自尊感情を育てることの大切さ

「私なんか…」の背景にあるもの

こんな指導をしていませんか？

教　　師　○○君，ちょっと来て。
子ども　　何ですか？
教　　師　この宿題だけれど，半分もやってないよね？
子ども　　ごめんなさい…。
教　　師　「ごめんなさい」と謝ってくれても，先生にはどうしようもないんだ。最近の様子を見てると，死ぬ気でやるくらいの気構えがないと，みんなに追いつかないよ。
子ども　　……。
教　　師　先生の言ったとおりにやっているのかな？
子ども　　はい，そのつもりです。
教　　師　答え合わせもきちんとやっているの？
子ども　　間違っているところは，答えをきちんと写しています。
教　　師　写すだけじゃ，勉強したことにならないでしょう。
子ども　　はい…。
教　　師　仮に答えを見ても，もう一度きちんとやり直すよういつも言っているよね？
子ども　　でも…，わからないからやれなくて…。
教　　師　きちんと言われたとおりにやればわからないなんてことはないはずだよ。言われたことすらできないでいたら，勉強ができるようにな

　　　　らないよ。
子ども　……。
教　師　授業のノートも見せてみて。
子ども　はい，まだ少し書けていないんだけど…。
教　師　授業のノートの書き方もよくないよね。日付を書く，今日の目標を書く，黒板は全部写す。これも，同じことを何度も言われているよね？

責めても子どもは変わらない

　上のやりとりにおける一番の問題点は，**教師が子どもの言い分や気持ちにまったく耳を傾けようとしていない**ということです。

　会話から察するに，宿題忘れやノートがきちんと書けていないことは，これまでにも少なからずあったことが予想されます。

　でも，今回に限っては何かできない理由があったのかもしれないし，「わからないからできない」ということも子どもは訴えています。ところが，教師はただ頭ごなしに，言われたとおりにやるよう諭すだけです。

　このような指導を繰り返していると，当然子どもはどんどんやる気を失っていきます。そして，自分では考えようとはしない，いわゆる「指示待ち人間」になってしまいます。

　子どもは，いくら責めても前向きには変容しません。責めれば責めるほど自分を守ろうという意識が働いて殻に閉じこもっていきます。

「自己有用感」「自尊感情」とは

　こういった指導の問題点を正しくとらえ，どんな子も前向きに育てていくうえでキーワードとなるのが，「自己有用感」や「自尊感情」です。

❶ 自尊感情

「自尊感情」とは，心理学用語の self-esteem の訳語として定着しました。似た意味の言葉に「自己肯定感」等もありますが，**「自分には価値があり，尊敬されるべき人間であると思う感情」**を意味します。平たくいうと，自分自身を好きだと感じること，自分を大切に思う気持ちのことです（英語としての self-esteem には，「うぬぼれ」というような意味もあり，プラス，マイナスの両面を含んだ言葉といえますが，教育の世界では，プラス面を強調している場合が多いというのが現状です）。

❷ 自己有用感

自尊感情が，ある意味で自己評価であるのに対して，「自己有用感」には，他者からの評価が含まれます。**「他者との関係の中で，自分がどれだけ大切な存在であるかということを，自分自身で認識する感覚」**のことです。言い換えると，他者とのかかわりを通して得られる「他人の役に立った」「人に喜んでもらえた」といった感覚のことです。

諸外国との比較から

「高校生の心と体の健康に関する調査―日本・アメリカ・中国・韓国の比較」（2011年，財団法人日本青少年研究所）の中に，以下の資料があります。

（単位　％）	米国	中国	韓国	日本
私は価値のある人間だと思う	57.2	42.2	20.2	7.5
私は自分を肯定的に評価するほう	41.2	38.0	18.9	6.2
私は自分に満足している	41.6	21.9	14.9	3.9
自分が優秀だと思う	58.3	25.7	10.3	4.3
親は私を優秀と評価してくれている	91.3	76.6	64.4	32.6

これらはまさに，自尊感情や自己有用感にかかわる調査の結果ですが，いずれの項目も，他3か国と比べて日本が突出して低い数値であることがわかります。
　このような状況を招いている原因としては，いろいろなことが考えられます。例えば，日本には，古来から「奥ゆかしさ」「慎み深さ」「謙遜の美学」といった言葉があるように，**「謙虚であることが美徳」とされる風土**があります。日常のコミュニケーションにおいても，「私なんか…」とへりくだって会話することがどちらかというと好まれます。
　こういった自己表現が，謙虚，謙遜の自覚のもとに行われているのであれば，少なくとも大問題とは言えないでしょう。
　しかし，冒頭で見たような教師の頭ごなしの指導が，本当の意味で「私なんか…」と思ってしまうような子どもを育てているとしたら，どうでしょうか…？

第1章　自己有用感・自尊感情を育てることの大切さ

子どもの「自尊感情」を高めるために

ありのままの自分を受け入れる

　さて，自尊感情とは，前項で述べた通り「自分には価値があり，尊敬されるべき人間であると思う感情」です。

　このような感情をもつための第一歩として，「ありのままの自分を受け入れる」ことが必要になります。**「今の自分はダメだ」などと自分を否定せず，「自分はこのままでいいんだ」と肯定できるということ**です。

　これは幼いころから養われる感情ですが，学齢期に入ってからでも，教師の働きかけで高めることができます。本書の第2章では，そのための様々な方法を紹介しています。

自分を大切にする

　「自分を大切にする」とは，自分という存在を客観的に理解し，心地よい感覚になるために必要なことを見極めることであると言えます。

　ところが，子どもは，この「自分という存在を客観的に理解する」ということがなかなかうまくできません。困りごとや悩みごとばかりに意識が向くことが問題であるのはもちろんですが，単なる「うぬぼれ」としか言えないような根拠の希薄な自己評価に陥ることもまた危険です。

　ですから，まずは，**自分がどうなれば本当に安心するのか，気持ちが楽になり，幸せを感じるのか，を考えさせる**ことです。そして，自分の目指す方

向が見えてきたら，教師は子どもがその目的地に到達することを願い，無理のない範囲で応援することから始めます。

未熟さを知る

　自尊感情の高い子どもは，自分の至らない部分や未熟さを自己分析することができます。自分ができないことはできないと認め，できる部分を見つめ伸ばしていくことができるのです。つまり，自分の長所や得意なことを理解していて，自分には何が向いているか，自分の好きなことは何かを知っているのです。ですから，常に自分を肯定することができるわけです。

　一方，自尊感情が低い子どもは，未熟さを認めたがらない傾向があります。**「こんなことができないと知られると恥ずかしい」**と感じ，その結果，**逃避傾向になる**こともあります。すると，自尊感情はますます低下していきます。

自尊感情を高めるのは少しでも早い時期に

　先に，学齢期に入ってからでも，教師の働きかけで自尊感情を高めることができると述べましたが，アメリカの人類学者R．スキャモンは，発達・発育には，人体各器官によって差があることを発表しました。

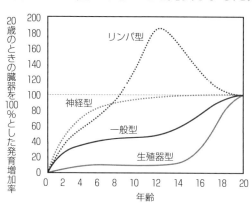

前ページのグラフはそのことを表しています。

このグラフを見ると、神経型（脳）の成長は、他の器官と比べて、若年齢期の発育が顕著であることがわかります。これはつまり、**自尊感情のような子どものコア（核）になる感情は、少しでも早い段階で高めておいた方がよい**ということになります。

自尊感情の低い子どもの３つの特徴

教師にとって特に大変なのが、すでに自尊感情が低い状態にある子どもをどのように成長させていくかということです。

そのための具体的な方法は次章で詳しく述べていますが、まずは、次のような３つの特徴があるということを押さえておくとよいでしょう。

❶ 周囲の目を気にしすぎる

自尊感情の低い子どもは、自分に自信がないため、まわりの目を気にしすぎる傾向があります。まわりから自分がどう思われているのかが過剰に気になってしまうわけです。

中には、**「自分は友だちから嫌われているのではないか」などと被害妄想に似たような考えが浮かんでしまう子ども**もいます。ちょっと小声で話している人がいると「自分の悪口を話しているのではないか」などと勘違いして、気になって仕方なくなります。

❷ 他者を信用できない

自尊感情が低い子どもは、例えば、まわりからほめられても、
「きっとお世辞に決まっている」
「おだてて何かさせようとしているんだ」
などと**余計なことを勘ぐってしまいがち**です。そのことで人間関係がギクシャクして、気がついたら１人になっていた、ということも少なくありません。

つまり，自尊感情が低いと，他者を信用できないのです。他者はすべて敵に見え，ひどくなると，自分さえも自分の味方と感じられなくなります。

❸ 必要以上に自分を責める

3つめは，必要以上に自分を責めるということです。

「自分に厳しい」ことと「自分を責める」ことは，似ているようですが，実は大きく異なります。前者は，何らかの目的を達するためにあえて自分をそのような状況に追い込んでいるわけですが，後者は**現状や結果を嘆いているに過ぎず，生産性や発展性がありません。**

こういった思考傾向に陥ると，「逃げ」の姿勢が身につき，新しいことに挑戦しようという意欲の高まりも阻害されてしまいます。

第1章 自己有用感・自尊感情を育てることの大切さ

子どもの「自己有用感」を高めるために

「自己有用感」か「自尊感情」か

　国立教育政策研究所の生徒指導・進路指導研究センターが発行している生徒指導リーフ『「自尊感情」？　それとも，「自己有用感」？』※では，日本の児童生徒の成長には，他者からの評価が影響しやすく，「ほめて（自信をもたせて）育てる」という発想よりも，「認められて（自信をもって）育つ」という発想の方が，子どもの自信が持続しやすい，ということが述べられています。

　確かに，「自分は自分，他人は他人」という個人主義的な風土の欧米社会では，自己有用感を高めることはそれほど重要なことではないのかもしれません。一方で，日本の社会生活は，組織への帰属とその中での人間関係を抜きに語ることはできず，「他者から認められる」「他者の役に立つ」という経験は，自身の成長のためには不可欠であると言えます。

　とはいえ，自分で自分を大切に思えない子どもに，「まわりの人はあなたのことを大切に思っていますよ」といくら話しても，簡単に信じるものではありません。

　このように考えると，**自己有用感と自尊感情は，どちらか一方を意識的に育てればよいというわけではなく，それらが両輪となって人間的に成長していくものであるととらえるべき**ではないでしょうか。

※ http://www.nier.go.jp/shido/leaf/leaf18.pdf

自分と違う考えや視点に気づかせる

　学校において「他者から認められる」「他者の役に立つ」というとき，この「他者」には，教師だけでなく，子どもも含まれます。子どもがお互いのがんばりや努力を認め合うことで，各々の自己有用感が高まっていく学級というのはすばらしいものです。
　しかし，ここに大きな問題点が１つあります。**子どもの視野は大人よりも狭く，「友だちも自分と同じ考え方や視点をもっている」と思い込んでしまいがち**なのです。

　例えば，梅雨の季節に，Ａさんは休けい時間に楽しめる様々な室内遊びを学級に提案しました。この提案に，室内で遊ぶことが好きな子どもたちは大喜びで，提案したＡさんはたくさんの感謝の言葉を浴び，「みんなの役に立つことができた」と実感しました。
　ところが，学級には「雨が降っていても，体を動かして体育館で遊びたい」と考えている子どもが少なからずいました。その子たちは，雨の日は必ず教室で室内遊びをするというルールができたら困ると考え，Ａさんの提案そのものを否定しにかかり，中には心ない言葉を発する子まで出てきてしまいました。

　言うまでもなく，この例は，二者択一を迫られるようなケースではないわけですが，「友だちも自分と同じ考え方や視点をもっているに違いない」と思い込む子どもたちには，相手との相違がなかなか受け入れられません。
　こういった場合には，例えば，それぞれの遊びの楽しさを教え合う機会をもつなどして，自分と違う考えや視点に気づかせることが必要です。

言葉かけが子どもを変える

　子どもの自己有用感を高めるうえで不可欠なのが，教師の適切な言葉かけです。

　具体例を1つあげてみます。
「(あなたは)よくがんばったね」
「あなたは大変すばらしいよ」
　教師であれば，子どもに対してこのように言葉をかけたことがだれしも一度はあることでしょう。
　では，以下のような言葉かけはどうでしょうか。
「先生は感動したよ」
「みんな元気づけられたよ」

　上の例では，教師の評価としてのニュアンスがやや強い一方，下の例では「自分(たち)がそう感じた」という気持ちを，よりストレートに伝えていることがわかります。
　状況や人間関係などにも左右されますが，一般的にいって，「他者から認められた」「他者の役に立った」と実感しやすいのは後者の言葉かけであると言えるでしょう。
(この例については，第2章の「子どもを承認するスキル❶(You メッセージ，I メッセージ)」で詳しく紹介しています)

　また，言葉かけをする際には，できる限り具体的に行うというのもポイントです。
「いつも窓開けをしてくれてありがとう」
「いつも朝一番に来て，窓開けをしてくれてありがとう」

言葉に表すとほんの少しの違いですが，子どもの立場で考えてみると，この言葉が具体的であればあるほど，
　「自分のことをしっかり見てもらっている」
　「自分は確かにみんなから認められている」
と，より強く実感することができるはずです。
(この例については，第2章の「子どもを承認するスキル❷（具体的な事実）」で詳しく紹介しています)

　以上はあくまで一例ですが，このような言葉かけの有効なアプローチやその効力を教師がどれだけ知っているかによって，子どもの自己有用感の高まりは大きく変わってきます。

第1章　自己有用感・自尊感情を育てることの大切さ

自己有用感や自尊感情を高める「コーチング」とは

コーチングとは

　コーチングの「コーチ」の語源は馬車のことで，コーチングとは**「大切な人を，その人が行きたい未来へお届けする」**と説明することができます。また，コーチとは「子どもを行きたい未来へお届けするために必要な資質，才能，魅力，長所を引き出し，人生に生かすことができるようプロデュースする人」とも言えます。

コーチングの基本概念

　コーチングには，3つの基本原理があります。

> ❶人（子ども）は，無限の可能性をもっている
> ❷人（子ども）は，人生の答えを自分の内側にもっている
> ❸人（子ども）は，サポートしてくれる人（親や教師など）がいる方が，自分と向き合いやすい

　コーチングでは，**子どもを「できる人」と信じ，「必ず課題を乗り越えられる」と信じてかかわり，応援します。**その結果として，子どもの自己有用感や自尊感情が高まるわけです。
　「当たり前のことじゃないか」と思われるかもしれませんが，子どもと向

き合うとき，そのスタンスを堅持できていると言い切れる先生は，なかなかいないのではないでしょうか。そして，かかわり，応援するには，そのための具体的なアプローチの仕方（スキル）を知る必要があります。

コーチングのスキル

　コーチングの代表的なスキルに「傾聴」と「質問」があります。
　傾聴は，子どもが安心して自己開示できる雰囲気をつくるうえで不可欠なものです。そのうえで質問をします。
　質問に関しては，教師であれば普段の学校生活の中で無意識のうちにたくさん投げかけているはずです。
　「○○君，宿題やってきた？」
　「昨日だれと遊んだの？」
　「キャンプでの学級の出し物，何にしようか？」
　「ちょっと話がしたいんだけど放課後に時間ある？」
…などなど，数え上げればきりがありませんが，コーチングで教師が使う質問では，**「子どもを主役に置く」**ということが１つのポイントになります。
　言い換えると，教師が「こうですか？」と確認する質問ではなく，「あなたはどう考えますか？」と尋ねる質問ということです。

　例えば，運動会の参加種目決めで，リレーの選手に立候補するかどうか悩んでいる子どもがいたとします。教師もその子に立候補してほしいと願っています。
　しかしここで，
　「リレーの選手に立候補しないですか？」
と尋ねるのではなく，あえて
　「君は，どの種目に出ようと思っているの？」
と尋ねてみます。

これはつまり，立候補するかどうかの判断は，子ども自身に任せるということです。
　どちらで尋ねても結果は同じことかもしれませんが，「リレーの選手に立候補するか否か」という問題の答えを，従属的に出したか主体的に出したかの違いは大きなものです。**子どもは，出来事や物事を自分のこととしてとらえるようになったときから，その出来事や物事について本気になって考え始めるようになる**からです。
　このように，出来事や物事を自分のこととしてとらえさせ，自分の考えをもたせることも，コーチングの大きな目的の1つです。そして，この自分の考えを明確にもつことができるということが，自己有用感や自尊感情の向上につながります。

　次章では，このように自己有用感や自尊感情を高めるためのコーチングのスキルを個別にたくさん紹介しています。
　また，3章では，教師自身の自尊感情を高めるための「セルフコーチング」のスキルも紹介しています。

第2章
子どもの自己有用感・自尊感情を育てるコーチングスキル

Chapter 2

第2章 子どもの自己有用感・自尊感情を育てるコーチングスキル

すべてのアプローチに通じる最優先課題

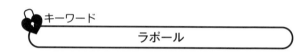
キーワード　ラポール

豊かな人間関係こそがすべての基本

　子どもの自己有用感や自尊感情を高めるためには，まずは，教師と子どもが豊かな人間関係で結ばれている必要があります。

　どれだけ多くの知識をもっていても，どれだけ多くの技術を使いこなせても，教師にとってそれ以上に重要なことがあります。それは，**どれだけ子どもと豊かな人間関係が築かれているか**ということです。コミュニケーションにおいては，「何を言うか」よりも「だれが言うか」という人間関係の方が重要な意味をもつことがしばしばあります。

　本章では，豊かな人間関係をベースとして，コーチングのスキルを活用しながら，子どもの強み，リソース（資質）を引き出し，それらをうまく価値づけることで，自己有用感や自尊感情を育て，高めていく方法を述べていきます。

不安ではなく，安心感を子どもに

　心が通い合った状態であること，安定した信頼関係にあることを，心理学用語で**「ラポール（rapport）」**といいます。

　教師と子どもの関係についていうと，例えば以下のようなことがあげられます。

- 何でも気軽に話すことができる。
- 必要以上に気をつかわなくて済む。
- 思いやりをもって接することができる。
- 建設的な話ができる。

ところが，多くの大人は，幼いときに親やまわりの大人から，不安を煽られることで行動を促され，成長してきたという体験をもっています。

また，人は成長過程で，自分が体験してきたものをそのまま相手に伝えようとする傾向があります。

そのため，**教師も子どもの不安を煽るようなアプローチを無意識のうちにしてしまいがち**なのです。

しかし，当然のことながら，子どもの不安を煽るようなアプローチでは，子どもの自己有用感や自尊感情を育てるどころか，豊かな人間関係を築くことはできません。

子どもの自己有用感や自尊感情を育てるには，安心感を与えるような働きかけによって，教師と子どもの間に豊かな人間関係を築くことがすべての基本になります。

したがって，個別のスキルを活用する以前に，子どもとの間に豊かな人間関係を築くことが最優先課題と考えてください。

POINT
1. 教師と子どもの間に豊かな人間関係を築くことこそが，自己有用感や自尊感情を育てるうえでの基本中の基本。
2. 不安を煽るアプローチでは自己有用感や自尊感情は育たない。

第2章 子どもの自己有用感・自尊感情を育てるコーチングスキル

子どもの実態を把握するスキル

キーワード
観察

子どもを冷静かつ客観的に見る

　自己有用感や自尊感情を育てるアプローチの第一歩となるのが，子どもの見とりです。
　それは，子どもの日常の実態を把握することに他なりません。

　まずは，先入観や思い込みをもたず，一人ひとりの子どものことをじっくり観察することから始めます。そうすれば，自然とその子に対して興味や関心がわいてきます。するとさらに，そこから肯定的な評価の言葉やよい質問も生まれてきます。
　ポイントになるのが，「先入観や思い込みをもたず」というところです。簡単なことのようですが，**先入観や思い込みにとらわれて，実は目の前のその子のことがよく見えていなかった**という経験はないでしょうか。まずは，子どものことを，冷静かつ客観的に観察することからスタートしましょう。

観察することで生まれる3つのメリット

　子どもをよく観察する習慣をつけると，次のようなメリットが生まれます。

❶子どもの信頼が得られる
　上でも述べた通り，じっくり観察することで，その子に対する興味や関心

がわいてきて，教師がどのようにかかわったらよいのかもわかるようになってきます。

そうして子どもに対するポジティブな働きかけが増えると，当然子どもの信頼を獲得することにつながります。

❷ 感情に任せた働きかけが減る

人はだれでも，感情に任せて行動し，失敗してしまうことがあります。子どもとの関係において，このような失敗を経験したことがない先生はいないでしょう。**冷静に行動できなかったこと自体も問題ですが，感情に流されて適切な行動を選択できなかったことも問題**です。

子どもをじっくり観察すれば，今どんな働きかけが必要か自ずと見えてくるので，結果として，感情に流される可能性も下がります。

適切な行動は，子どもをじっくり観察することから生まれるのです。

❸ 子どもの変化に敏感になる

子どもをじっくり観察するクセをつけるということは，周囲に対して注意深くなるということでもあり，小さな変化も見逃さなくなります。

例えば，どの学級にも表情が固く，考えがつかみにくい子どもがいるはずです。そういった子どもの心情をきちんと把握するには，**じっくりと観察することを通して，表情以外のシグナルに気づくことが大切**です。

子どもをじっくり観察することで得られる3つのメリット
❶子どもの信頼が得られる
❷感情に任せた働きかけが減る
❸子どもの変化に敏感になる

第2章 子どもの自己有用感・自尊感情を育てるコーチングスキル

子どもの認識とのギャップを埋めるスキル

キーワード　削除，歪曲，一般化

子どもの言葉を鵜呑みにしない

　教師は，子どもの言葉を鵜呑みにして，「わかったつもり」で子どもに接していることがあります。前項でも，先入観や思い込みにとらわれると，目の前の子どものことを見失いがちであると述べましたが，「わかったつもり」も，危ない状況です。

　「わかったつもり」から抜け出すポイントは，子どもの言葉をそのまますべて真実であると考えず，**適切な問いかけで「削除，歪曲，一般化」された情報を特定することが必要**になります。

❶ 「削除（省略）」された情報を回復させる

　「友だちに意地悪をされた！」「何をやってもうまくいかない！」など，大人である教師からみれば不完全で一方的なとらえ方をして出来事を伝えるというコミュニケーションを，子どもは当たり前のようにとってきます。

　こういった場合は，ひと呼吸おいて，**「だれに？」「何を？」「どうやって？」**など，気になることを一つひとつ質問し，削除（省略）されている情報を回復させていきます。

❷ 「歪曲」された情報を回復させる

　例えば，「友だちが冷たい目でにらんでくる！」と子どもが訴えてきたとします。本当は，その友だちは単に目にゴミが入って，眉間にシワを寄せて

いるだけでした。しかし，そんなことはお構いなしに，それが真実であるかのように歪曲して受け止め，思い込んでしまうことがあります。

したがって，このケースでは，
「どんなふうにあなたのことを見ていたの？」
「まわりにはだれがいたの？」
などとていねいに問いかけながら，「本当に友だちは冷たい目でにらんでいたのか」ということを検証する必要があります。また，仮ににらんでいたことが事実であったとしても，今度は友だちがにらむに至った経緯を検証する必要があります。

❸ 一般化された情報を回復させる

「自分だけじゃなくみ・ん・な・もやっていた！」のように，事実を拡大解釈（一般化）して，その拡大解釈があたかも真実であるかのように思い込んでしまう子どもがいます。

こういった状況も，子どもの発言や行動を適切に評価し，自己有用感や自尊感情を育てる妨げになります。

ここでは，
「"みんな"っていうけど，何人いたの？」
などと質問することで，まずは真実がどこにあるのかを把握することが必要です。

「わかったつもり」を抜け出すポイント
❶「削除（省略）」された情報を回復させる
❷「歪曲」された情報を回復させる
❸「一般化」された情報を回復させる

第2章 子どもの自己有用感・自尊感情を育てるコーチングスキル

子どもの味方になる
スキル2

キーワード
味方

子どもは感情に支配されやすい

子どもが好感を抱く大人とは，どのような人でしょうか？

- 言葉と行動が一致している人
- 人間味がある人
- 温かな雰囲気のある人
- 話を聞いてくれる人
- 約束を守る人
- 表裏がない人
- 寛容な人
- 一緒にいて笑える人
- 包容力のある人
- 誠実な人
- 悪口を言わない人
- 長所も短所も受け入れてくれる人

数え上げればきりがありませんが，子どもも大人と一緒で，「この人は自分の味方だ」と思うと，自然とその人に好意を抱きます。

これは，**理屈ではなく感情の作用**です。大人であれば，理屈が通っていれば，厳しい人に好感を抱くということもありますが，子どもの場合は感情に支配される部分がより大きいといえます。

他者から認められる機会が少なく，自己有用感や自尊感情をなかなかもてない子どもは，なおさら自分のことを理解し，味方になってくれる人がほしいものです。

逆にいうと，子どもの自己有用感や自尊感情を育てるには，味方になる大人（保護者や教師）の存在が重要であるということです。

家庭環境に注意する

　子どもの味方として一番身近な存在は親です。しかし、保護者がいつも愛情を注いで見守っている家庭があればよいのですが、**自己有用感や自尊感情が低い子どもは、保護者から認められる経験が極端に少ないという場合が多い**のです。
　そうなると、教師が味方になることが必要です。
　ただし、味方というのは、いわゆる「イエスマン」ではありません。子どもの感情を受け入れることは必要ですが、不適切な言動に目をつぶる、わがままを許す、といったこととは違います。

ポジティブな面に目を向ける

　いつでも子どもの味方でいるためには、先にも述べたように、観察が大切になります。
　子どもの変化は、例えば、言葉づかいによく表れます。ネガティブな面でいうと、否定的な言葉や自虐的な言葉ばかり使っているといったことです。上でも述べた通り、人に迷惑をかけるような不適切な行動は見逃してはいけませんが、子どもから味方として認識されるためには、子どものポジティブな面にしっかりと目を向け、小さなことも見逃さないという姿勢です。例えば、**友だちのよさを認める言葉が聞かれたら、すかさずそれを認め、何がよかったのかをフィードバックする**とよいでしょう。

> POINT
> ●家庭環境等にも注意しながら、常に子どものポジティブな面に目を向けることで味方になる。

第2章　子どもの自己有用感・自尊感情を育てるコーチングスキル

子どもの問題行動に冷静に対処するスキル

キーワード
寛大，未熟さの自覚

問題行動を理解する

　自己有用感や自尊感情が低い子どもは，よく問題行動を起こします。そんなとき，教師も人間ですから，腹が立つこともあります。
　しかし，問題行動に対して，叱りつけようとしたり，今後起させないようにと抑えつけようとするだけでは，本当の意味での解決にはなりません。「この子どもは，どうしてこんな問題を起こしてしまったのだろう」と理解に努めることが大切です。

子どもを理解するために必要なこと

　このような状況で子どもを理解するには，まずは教師が寛大になる必要があります。「寛大」とは，度量が大きく，思いやりがあり，むやみに子どもを責めないことです。ただし，**あきらめる，我慢する，許すといったこととは，根本的に意味が違う**ということに注意が必要です。

寛大になるためのポイント

　子どもに対して教師が寛大になるためには，以下の3つのポイントが重要になります。

> ❶教師が学ぶ
> ❷視野を広げる
> ❸未熟さの自覚

　まず教師自身の知識や経験が乏しければ，寛大になることはできません。そのためには，教師自身が学び続け，知識を増やさなければなりません。

　また，視野が狭ければ，子どもの多様性を認めることができません。このことは❶と密接にかかわっており，視野を広げるためには，様々な経験を積み，学び続けることが必要です。経験や学びを深めれば深めるほど，まだまだ広い世界が存在することに気づくものです。

　そして，子どもだけでなく，**大人である自分自身にも少なからず未熟な面があるということを自覚する**ことも重要です。そのことを常に自覚していれば，自然と寛大に対処できるようになるはずです。

子どもの価値観に気づく

　子どもの問題行動に対して，教師は，
「子どもが大切にしているものは何だろうか？」
と考えてみることも大切です。

　この問いは子どもの価値観に気づくためのもので，この問いによって子どもの価値観に気づくことができれば，自己有用感や自尊感情を高めるのに役に立ちます。

> **POINT**
> ❶寛大になることと，あきらめる，我慢するといったことは違う。
> ❷子どもの価値感の中に自己有用感や自尊感情を育てる手がかりがある。

第2章　子どもの自己有用感・自尊感情を育てるコーチングスキル

瞬時に人間関係を整えるスキル

キーワード　ペーシング

ペーシングとは

　豊かな人間関係を築くことは，自己有用感や自尊感情を育てるうえでの基本中の基本である，と本章の冒頭で述べました。

　コーチングには，瞬時に人間関係を整えるスキルとして「ペーシング」があります。ペーシングとは，「ペースを合わせる」という意味で，平たく言えば，**相手（子ども）と話し方や状態，呼吸などの調子を合わせる**ということです。相手の感情や伝えたいことを汲みとって，話し方や身振り手振りで反応することなどもペーシングに含まれます。

調子を合わせるとは

　では，どのようにして調子を合わせるとよいのでしょうか。合わせることができるものを具体的に列記してみます。

言葉使い	話す速さ	口調	トーン	抑揚
言い回し	表情	丁寧さ	しぐさ	身振り
手振り	テンション	体の向き	目の高さ	距離感

　他にもいろいろ考えられます。例えば，子どもと一緒に給食を食べるとき，食べるスピードを子どもに合わせる，というのも，それだけで理解の深まり

が期待できるので,一種のペーシングであるといえます。

ペーシングのメリット

　ペーシングは,**実に単純な方法であるにもかかわらず,非常に有効**であり,メリットは多岐にわたります。
　以下にそのメリットを列記してみます。

- 安心感がわく
- 本音で話ができる
- 弱いところを見せられる
- 心を開くことができる
- かっこつけなくてよい
- 気が張らない
- 素直に話が聞ける
- 会話が弾む
- 気持ちが通じていることが実感できる
- 自分の発言に自信がもてる
- 自分が認められていることが実感できる

> **POINT**
> ❶相手(子ども)と話し方や状態,呼吸などの調子を合わせると,瞬時に人間関係が整う。
> ❷ペーシングの方法,メリットは多岐にわたる。

第2章 子どもの自己有用感・自尊感情を育てるコーチングスキル

子どもの自己開示や具体的行動を促すスキル

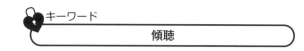
キーワード　傾聴

傾聴とは

　子どもの内面を引き出すには，子どもとうまく会話することに尽きます。子どもが心を開き，「もっと話したい」と思うような聞き方を「傾聴」といいます。

　傾聴は，コーチングスキルの中で最も重要なものの１つです。傾聴によって子どもの自己開示や具体的な行動を促し，それらを認めることで，自己有用感や自尊感情を高めることができます。

　また，子どもとの会話の中での教師の役割については，以下のような割合で考えておくことをおすすめします。

　　　　　　傾聴＋承認…………90％
　　　　　　提案，指示，指導…10％

３つのきき方

　ところで，傾聴といっても，具体的にどのようなきき方をすればよいのでしょうか。

　きき方には，以下のように，大きく分けて３つの種類があります。

❶聞く／hear
　これは自分がききにいくというよりも，自然ときこえてくるイメージです。

❷訊く／ask
　質問し，回答を求めるというイメージです。

❸聴く／listen
　字の構成要素のように，目と耳と心すべてできくというイメージです。

　傾聴に当たるのは，❸です。
　この方法は，耳できくだけでなく，目で表情やしぐさにまで注意を向けたり，心で共感したりするということなので，子どもは安心して話すことができます。
　それが自己開示や具体的な行動を促し，結果として，子どものよさを認める機会が増えて，自己有用感や自尊感情を育てることにつながるというわけです。

POINT
❶きくことには「聞く」「訊く」「聴く」の３つの種類がある。
❷傾聴は，子どもに安心感を与え，自己開示や具体的な行動を促すので，結果として子どもを認める機会が増える。

第2章　子どもの自己有用感・自尊感情を育てるコーチングスキル

子どもに安心感を与え，前向きな気持ちを引き出すスキル

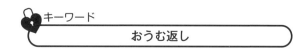
キーワード　おうむ返し

おうむ返しとは

　子どもは，話を聴いてもらっている，それも興味をもって肯定的に聴いてもらっていると感じると，安心していろいろなことを話すようになり，気持ちが前向きになります。そのためのコーチングスキルとして，「おうむ返し」があります。

　おうむ返しとは，**子どもの話をそのまま繰り返し，子どもに返す**スキルです。子どもの話している内容からキーワードを拾い繰り返したり，語尾だけを繰り返したりする方法もあります。

おうむ返しの方法

❶ 話をそのまま繰り返す

教　師　発表，できそうかな？
子ども　答えが合っているか不安です…。
教　師　そうか，答えが合っているか不安になっちゃうよね。でも，その不安はだれでも一緒だから，たとえ間違っていても，みんな受け入れてくれるはずだよ。

　教師は，子どもが不安を覚えているにもかかわらず，性急に「不安はみんな一緒」「間違っていてもいい」といった言葉かけだけをしてしまいがちで

す。しかし，左ページの例のように，まずは話をそのまま繰り返し，いったん不安な気持ちをしっかり受け止めてあげることで，子どもの気持ちはグッと前向きになります。

❷ キーワードを繰り返す

教　師　リレーの選手，立候補しないの？
子ども　クラスで一番速いか自信がありません。
教　師　そうか，<u>自信</u>がもてないんだね。
子ども　はい。それに，本番で失敗しないか不安です。
教　師　<u>不安</u>な気持ちにもなるよね。
子ども　はい…。
教　師　でもね，クラスのみんなは○○君がだれよりも選手に相応しいって思ってるし，もし本番で転んだりしても，クラスの代表の○○君をみんなきっと最後まで応援してくれるよ。

　発言のすべてを繰り返さず，キーワードを取り出して繰り返すという方法もあります。
　上の例では，いきなり発奮を促すのではなく，おうむ返しによってまずは子どもの今の気持ちに寄り添っています。そして，クラスの他の子どもの期待や応援など自己有用感を高める働きかけで，前向きな気持ちを引き出そうとしています。

> **POINT**
> ❶おうむ返しには前向きな気持ちを引き出す効果がある。
> ❷話をそのまま繰り返す，キーワードや語尾だけ繰り返すなど，おうむ返しには様々な方法がある。

第2章 子どもの自己有用感・自尊感情を育てるコーチングスキル

子どもに自分の個性を自覚させるスキル

キーワード
個性

個性はその子が大切にしているもの

「十人十色」といいますが,クラスの子どもたちは,みなそれぞれまったく違う個性をもっています。

ただ,子ども自身も,自分がどのような個性をもっているのか自覚していないということが多々あります。もちろん,個性という言葉を使って,狭い範囲で子どもにレッテルを貼るようなものであってはいけませんが,**自分の個性を知ることは,自分が大切にしていることを自覚化すること**であり,ひいてはそれが自尊感情を高めるきっかけになっていきます。

個性を自覚化することが有効な例

ここでは,新年度に子どもたちが個々の目標を決める場面において,自分の個性を自覚化して,目標に反映させる例を紹介します。

❶次ページのリストにある単語から,自分がひかれるもの,大切にしているものを20個選んで○をつけます。じっくり考えるのではなく,直感でテンポよく選んでいくようにします。

❷20の単語を関係しそうなものでグルーピングしていき,その傾向を見いだします。

❸その傾向を基に自己宣言文をつくります。
　私は，＿＿＿＿＿＿＿＿＿＿＿＿＿＿＿＿＿＿＿＿＿＿＿＿＿＿です。

❹目標と自己宣言文の整合を図ります。
　自己宣言文に基づいて目標を考える，あるいはあらかじめつくっておいた目標に，自己宣言文に顕れた自分の個性を反映させます。

【語群例】
貢献　役に立つ　味方　居場所　オリジナル　オンリーワン
ユーモア　信頼　愛情　友情　一緒に　仲間　家族　絆
責任感　癒し　至福　直感　やり遂げる　果たす　達成感
リラックス　自由　満足　自分らしさ　尊重　バランス　共感
感動　情熱　熱中　集中　熟睡　安心　穏やか　学び　成長　達成
成功　任される　信頼　チャーミング　イケメン　凛々しい　洗練
スマート　粋　華やか　上品　凛とした　優雅　物静か　温厚
物腰柔らか　人情深い　気がきく　思いやり　心が広い　包容力
おっとり　冷静沈着　明朗　陽気　活発　開放的　気さく　素朴
人なつっこい　さわやか　さばさばした　飾り気がない　率直
実直　正直　正義感　素直　勤勉　陰日向のない　まじめ
竹を割ったような　約束を守る　自立　自律　努力　健やか
アクティブ　たくましい　パワフル　エネルギッシュ

POINT

●自分の「個性」を知ることは，自分が「大切にしていること」を自覚化すること。

第2章　子どもの自己有用感・自尊感情を育てるコーチングスキル

子どもに自分の強みを自覚させるスキル

キーワード
強み

自己有用感や自尊感情が低い子どもほど…

　学校生活は，とかく「…しなければならない」「…するべき」といったことの連続で，それになかなか適合できない子どもは，自分の「強み」を発揮する機会がなく，結果として自己有用感や自尊感情が低下していきます。
　そこで教師は，一人ひとりの子どもがもっている強みに焦点を当て，「自分はこれができる」「自分にはこれがある」といった自信をもたせる必要があります。

強みのイメージ

　子どもの強みは十人十色ですが，自分自身ではなかなか見つけられないものです。ですから，例えば，以下のような語群の中から，自分の強みに関連しそうな言葉をピックアップして，より具体的にイメージさせてみるのもよいでしょう。

【子どものもつ強み】
温厚な　人情味のある　寛大な　思いやりがある　親しみやすい
愛情豊かな　明朗　快活　気さく　情熱的な　献身的な
粘り強い　エネルギーに満ちている　やる気に満ちている
機転が利く　ウイットに富む　ユーモアのセンスがある　品がある

奥ゆかしい　無邪気　純真　素朴　素直な　正直な　思慮深い
謙虚な　野心家な　積極的な　勤勉　堅実　実直　努力家　忠実な　誠実な
信頼できる　忍耐力がある　責任感がある　知的な　賢明な　知識が豊富な

強みを掘り起こす

　ところが，具体的な強みといっても，自己有用感や自尊感情が低い子どもほど，これといったものが見つかりません。

　そこで今度は，**自分自身にとって当たり前にできてしまうことを10個程度書き出させます。**

　例えば，その中に「毎日朝5時に起床する」ということがあったとします。そのことは，その子にとっては日常の当たり前にできてしまうことであり，特技でもなんでもありません。ところが，それを周囲が「毎日朝5時起床，すごい！」と認めたとたん，それはその子の強みに変わります。

　このように，その子にとっては強みとは言えないようなことでも，他者から見ればそれが大きな強みであるととらえられることは多々あります。

　こうして，子どもの強みを掘り起こし，他者から認められる機会を意図的につくり出すことで，自己有用感や自尊感情を高めていくことができます。

- ❶子どもには，本人が自覚していない「強み」がたくさんあるので，それを掘り起こすことが重要。
- ❷強みを認められる機会が増えれば増えるほど，子どもの自己有用感や自尊感情は高まっていく。

第2章　子どもの自己有用感・自尊感情を育てるコーチングスキル

子どもにやる気をもって実行させるスキル

キーワード
Want, Must, Can

やる気をもって実行するための3つの要素

物事を実行し，成功体験を積み，それが他者から認められることによって，自己有用感や自尊感情は育っていきます。

そこで，物事をやる気をもって実行するために必要な要素を分析してみるのも大切なことです。

❶ Want（やりたい）

子どもが，それが本当に心からしたいと感じることです。こういうことを見つけた子どもは，何があっても投げ出さず，最後まで成し遂げます。過程において回り道をすることはあっても，いずれ目標は達成されるはずです。このように，**本当にやりたいことというのは，子どもに無限のエネルギーを供給します。**

したがって，やりたいことを見つけさせるのは，自己有用感や自尊感情を高めるうえで極めて有効な手立てです。

❷ Must（やらなければならない）

しかし，現実問題として，子どもが個々にやりたいことばかり追究していては，学校という場は成り立ちません。そこで，「やらなければならない」ことが出てきます。宿題などはその典型ですが，学校での教育には，少なからずどんなことにも Must の要素が含まれているといえます。

また，**本当にやりたいこと（Want）を実現するために，やらなければならないこと（Must）**というものもあります。例えば，大好きなスポーツを極めるためには，あまり気乗りがしなくても地味でキツい練習をしなければならない，といったことは多々あります。

❸ Can（できる）

WantにしろMustにしろ，それができなければ意味がありません。できるかどうかの見通しがもてなかったり，やれるかどうかの不安を抱えていたり，という状況は，子どものやる気を大きく低下させます。

3つのバランスこそが大事

先にも述べた通り，個々のWantだけ追究していては学校教育は成立しません。一方で，過度なMustは子どものやる気を大きく低下させます。また，できなければ意味がないからといって，Canばかり追い求めていても，今度は子どもの成長が期待できなくなります。

要するに，3つのバランスが大事，もっというと，個々の子どもについて最適なバランスを見つけることが大事なわけです。

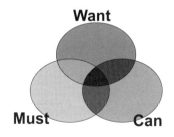

●最適なWant・Must・Canのバランスを見いだすことが重要。

第2章 子どもの自己有用感・自尊感情を育てるコーチングスキル

子どもの意識を前向きに切り替えるスキル

キーワード
アソシエイト，デソシエイト

アソシエイトとデソシエイト

子どもは，学校生活の中でうれしいことも悲しいことも経験します。人が成長するには，うれしいことも悲しいことも適度に経験する必要がありますが，自己有用感や自尊感情が低い子どもには，うれしい経験をすることが極端に少なかったり，何でも悲観的に考えてしまったりする傾向があります。

そういった子どもにアプローチする際，教師が意識したいのが「アソシエイト」と「デソシエイト」という２つの物事の認知の仕方です。

❶ アソシエイト

アソシエイトとは，**物事や出来事を自分自身の視点からとらえること**です。

うれしい出来事があったときには，アソシエイトすることによって，その経験が自分の中により深く刻まれ，ポジティブな効果を生み出します。

一方，自分にとって悲しい出来事やつらい出来事をアソシエイトしてしまうと，ネガティブな効果を生み出し，自己有用感や自尊感情を大きく低下させてしまいます。

❷ デソシエイト

デソシエイトとは，**外の（客観的な）視点から物事や出来事をとらえること**です。デソシエイトすることには，いったん自分自身を悲しい出来事やつらい出来事の外に置き，心理的なダメージを軽減するという効果があります。

過去のつらい体験にとらわれてなかなか抜け出せない子どもや，何でも悲観的に考えてしまいがちな子どもに有効です。

	アソシエイト	デソシエイト
立場	主観的	客観的
視点	内側	外側
有効性	・うれしい気持ちを増幅させる。 ・成功体験を刻み込む。	・過去のつらい体験を忘れる。 ・悲観的な思考から抜け出す。

この２つの認知の仕方を教師がうまくコントロールしてあげることで，子どもの自己有用感や自尊感情を変化させることができます。

コントロールする具体的な方法

子どもにはなかなか難しい方法ですが，コントロールする具体的な方法を紹介します。

❶自分にとって嫌な体験を１つ決めさせる。
❷その場面をテレビの画面の中に収め，自分はそこから抜け出して，それを居間で見ているところをイメージさせる。
❸テレビの映像を自分にとって楽しい体験（場面）に切り替えさせる。
❹その場面に自分が同化していくところをイメージさせる。

●アソシエイトとデソシエイトをうまくコントロールしてあげることで，自己有用感や自尊感情が低い子どもの意識を前向きに切り替えられる。

第2章 子どもの自己有用感・自尊感情を育てるコーチングスキル

子どもを承認するスキル❶

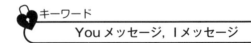
キーワード
You メッセージ, I メッセージ

メッセージの送り方

　教師が子どもに働きかける際には，会話をするとき，いくつかのアプローチの仕方があります。教師はまずは聴き役に徹する，ということが重要ですが，子どもの自己有用感を高めるには，教師からのアプローチも必要になってきます。
　その際に意識したいのが，以下のような子どもに対する承認の仕方です。

❶ You メッセージ
●あなたはよくがんばった。
●あなたは大変すばらしい。

　上の例のように，「あなたは〇〇〇〇だ」と，メッセージが「あなた」から始まる承認の仕方です（「あなた」の部分は省略されることが多々あります）。これは，教師が子どものことをほめる際に，最も一般的に用いられるアプローチではないでしょうか。
　このアプローチには，**教師の子どもに対する評価的な側面が多分に含まれています**。そのため，自我が芽生えてきた子どもに対して大げさな言葉を使ったりすると，思わぬ反発を招いたりすることがあるので，子どもの自己評価との整合性などにも注意する必要があります。

❷ I メッセージ

- ●私は感動した。
- ●私はうれしかった。
- ●私は元気づけられた。

　上の例のように，「私は○○○○だ」と，メッセージが「私」から始まる承認の仕方です。

　この承認の仕方は，メッセージを送る側の教師がそう感じているということであり，肯定的なメッセージであれば，受け取った側の反発を招くようなことがありません。**また，子どもにとっては，相手に認められているという充実感を得やすいメッセージで，自己有用感の高まりが期待できます。**

　I メッセージに似た承認の仕方として，
　「（私も）○○先生も喜んでいたよ」
　「クラス全員○○君に感謝しているよ」
などのように，メッセージの主体が複数になる「We メッセージ」もあります。We メッセージは，受け取った子どもに，より多くの人から認められているという充実感を与えることができます。

　いずれにしても，承認するというのは，**むやみやたらにほめるということではありません。** 子どものすべてを受け止め，それを認め，ほめるときは心からほめるということが肝心です。

> **POINT**
> ❶メッセージの主語を意識することで，効果的な承認ができる。
> ❷「承認する」ということは，むやみやたらにほめるということではない。

第2章 子どもの自己有用感・自尊感情を育てるコーチングスキル

子どもを承認するスキル❷

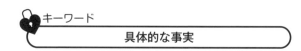
キーワード
具体的な事実

承認とは

　ほめ言葉には子どもを動かす力があり，自己有用感や自尊感情を高める力があります。しかし，先にも述べた通り，ただ単にほめればよいというものでもないのです。教師はほめたつもりでも，子どもの成長にプラスの作用がなければ意味がありません。

　承認とは，まず**「子どもの存在や価値観に気づく」**ことです。承認は英語で「acknowledgement」といいますが，語源は「そこにいることに気づく」という意味です。すなわち，その子に光を当てることだといえます。

承認は成長のサイクルを生み出す

　このように，承認とは，その人の存在に気づいて，それを伝えることです。「他者から認められている」「他者の役に立っている」と実感することで，子どもの自己有用感は高まります。

　こうなると，次なる目標を達成する意欲もわいてきて，それを実行することでまた周囲に認めてもらい，意欲が高まる…と，よいサイクルが生み出されます。

称揚すべき事実を伝える

　さてここで，だれでもよいので，クラスの子どもを1人思い浮かべて，その子を称揚するためにどんな言葉を伝えるか考えてみてください。
　突然このように求められると，多くの教師は何を伝えたらよいのかわからず，言葉に詰まります。そして，
「やるなぁ！」
「えらいなぁ！」
など，一般的な称賛の言葉（いわゆるほめ言葉）しか出てこないものです。
　こうなってしまう一番の原因は，子ども一人ひとりの行動や能力をきちんと把握できていないということです。承認上手は，常に子どもをよく観察し，その子ども独自の行動や具体的な成果を見つけています。
　また，必要以上に称揚しようとしたりするのではなく，具体的な事実を伝えるという意識も大変重要です。
「いつも朝一番に来て，窓開けしてくれてありがとう」
「今回の算数のテストは，前回よりも20点も上がっていて，先生はびっくりしたよ」
　このように，**称揚すべき事実を中心にして，Iメッセージで伝える**というのが効果的です。この事実に具体性があればあるほど，伝えられた子どもは，「自分のことをしっかり見てもらっている」「自分は確かにみんなから認められている」と実感することができます。

❶承認とは，まず「子どもの存在や価値観に気づく」こと。
❷だれにでも当てはまるようなほめ言葉を乱用するのではなく，子どもをしっかり観察し，称揚すべき事実を伝える。

第2章 子どもの自己有用感・自尊感情を育てるコーチングスキル

子どもに自分のよさに 気づかせる質問のスキル[2]

キーワード
拡大型質問，特定型質問

拡大型質問，特定型質問とは

　質問を通して，子どもに自分自身のよさに気づかせることは，自己有用感や自尊感情を高めるうえで重要になります。

　ここでは，「拡大型質問」と，その対となる「特定型質問」について紹介します。

❶ 特定型質問

　問いを投げかけられた子どもが，それほど考えなくてもすぐに答えられるような質問のことです。

　例えば，「朝ご飯食べた？」「塾へ通っているの？」といった「はい」「いいえ」で答えられる質問です。また「通学には何分かかるの？」「兄弟は何人？」のように答えが限定される質問です。

❷ 拡大型質問

　問いを投げかけられた子どもが，すぐには答えられないような質問，あるいは答えが無数にあるような質問です。

　例えば，「君は将来何をやりたいの？」「君の得意なことは何？」「試合に勝ったらどんな気分？」といったような質問がこれにあたります。

拡大型質問と特定型質問を組み合わせる

　子どもに自分自身のよさに気づかせ，自己有用感や自尊感情を高めるうえで重要になるのは，拡大型質問です。

　拡大型質問は，まさに子どものもつ能力や可能性を「拡大する」働きをします。特に，自己有用感や自尊感情の低い子どもは，**自分自身のよさや得意なことの多くを見逃してしまっています。**

　そこで，
「みんなは〇〇君のどんなところに期待していると思う？」
といった拡大型の質問を投げかけ，その子のよさや得意なことに自分自身で目を向けるきっかけを与え，表出してきたことを承認することで，自己有用感や自尊感情を高めていきます。

　ここで気をつけたいのが，拡大型質問を唐突に投げかけると，その時点で思考が停止してしまう子どももいるということです。そういったことを防ぐために，特定型質問をうまく使います。

　すなわち，**後で投げかけようとしている拡大型質問につながる問いを，特定型質問で投げかけ，気づきの手がかりにする**ということです。

❶子どもに自分自身のよさに気づかせ，自己有用感や自尊感情を高めるうえで拡大型質問が重要。
❷子どもが答えにくくならないように，特定型質問もうまく組み合わせて使うと効果的。

第2章 子どもの自己有用感・自尊感情を育てるコーチングスキル

子どもの可能性を引き出す質問のスキル

キーワード
未来型質問，過去型質問

未来型質問，過去型質問とは

❶ 過去型質問

　過去型質問とは，読んで字の如く，問いの中に「過去形」の言葉を含む質問です。例えば，「…のときはどうだったの？」「なぜ…だったの？」といった質問がこれにあたります。

❷ 未来型質問

　過去型質問とは逆に，「未来形」の言葉を含む質問です。「…のときはどうすればいいと思う？」「…をやるにはどうしたらいいのかな？」といった質問です。

可能性は未来に宿る

　子どもの自己有用感や自尊感情を高めることを目的とすると，質問は，子どものもつ可能性を引き出すためのものです。
　「可能性」とは，将来的にそうなる，あるいはできる性質のことです。つまり，それは時間軸で見た場合に，現在から未来に至る「未来形」の中に存在します。したがって，子どもの可能性を引き出すためには，**子どもの意識の矢印を過去ではなく未来の方に向ける必要があります。**
　例えば，「これまではどうだったの？」と尋ねるよりも，「これからどうし

たいの？」と尋ねた方が，子どもの可能性をより拡大することができます。

過去型質問で成功体験にアクセスする

　もちろん，過去型質問をしてはいけない，ということはありません。あくまでも，子どもの可能性を引き出すという観点から見た場合，過去型質問よりも未来型質問の方が効果的であるというだけのことです。

　過去型質問によって出てくるのは，子どもの「記憶」に関するものです。問題は，自己有用感や自尊感情の低い子どもの場合，「うまくいかなかった」「失敗した」という記憶が圧倒的に多いということです。例えば，「あのときダメだったから，きっと今度もダメだろう」といった表現をする子どもがいますが，これはまさに過去の記憶が子どもの可能性を狭めてしまっている典型です。

　逆にいうと，過去型質問を使って，子どもの「上手にできた」「成功した」という記憶をうまく引き出してあげると，子どもの可能性を拡げるきっかけがつかめます。

　「…のとき，すごく上手にできたよね？　あのときは，どういうふうにやったの？」
といった具合です。ここから，
　「今回…を上手にやるには，どうしたらいいのかな？」
と未来型質問につなぐと，**過去型質問で引き出した記憶が手がかりとなり，子どもの可能性が広がります。**

❶未来に宿る可能性を未来型質問で引き出す。
❷過去型質問は，子どもの成功体験にアクセスするための方法として活用する。

第2章 子どもの自己有用感・自尊感情を育てるコーチングスキル

子どもに成功の手がかりを
与える質問のスキル

> キーワード
> 肯定型質問，否定型質問

肯定型質問，否定型質問とは

❶ 否定型質問

　問いの中に「…ない」という否定形の言葉を含んでいる質問です。
　例えば，「どうしてうまくできないの？」「何がわからないの？」といった質問は否定型質問です。

❷ 肯定型質問

　否定型質問の逆で，「ない」という否定形の言葉を含まない質問です。
　例えば，否定型質問であげた例を肯定型質問に置き換えると，以下のようになります。

　「どうしてうまくでき<u>ない</u>の？」
➡「どうしたらうまくできるかな？」

　「何がわから<u>ない</u>の？」
➡「何がわかっているのかな？」

意識は問いに忠実に反応する

　上の例を見てお気づきの方もいるかと思いますが，実は，否定型質問も肯定型質問も，ねらいとしているところは同じで，「できるようになる」「わか

る」ことです。

　ところが，2種類の質問が子どもに与える影響は大きく異なります。

　肯定型質問では，「どうしたら」「何が」に当たる部分を考えることが，そのまま成功のための手がかりになります。すると，当然子どもの思考も前向きなものになります。

　一方，否定型質問は，「できるようになる」「わかる」ことがねらいであるにもかかわらず，**「できないこと」「わからないこと」を詰問されているような印象を子どもに与えてしまいます**。これは，周囲から認められる経験や成功体験が少なく，自己有用感や自尊感情が低い子どもにとって，大変つらいことです。

　また，否定型質問は，子どもの意識としては「できるようになりたい」「わかりたい」方を向いているのに，質問の中に反対の「できない」「わからない」という言葉を含んでいるだけで，子どもの意識がその問いに忠実に反応してしまい，「できない」方，「わからない」方に向いてしまうのです。

　このように，子どもを成功に導くためには，否定型質問を使うことは控え，同じ内容を肯定型質問で投げかけることを心がけましょう。

　教師は自分でも気づかないうちについつい否定型質問を使ってしまいがちなので，注意する必要があります。

❶肯定型質問は，子どもに成功の為の手がかりを与える。
❷否定型質問は，詰問的な印象を与え，「できない」方，「わからない」方に子どもの意識を向けてしまう。

第2章 子どもの自己有用感・自尊感情を育てるコーチングスキル

子どもに成功の手がかりを与える質問のスキル❷

キーワード
4W1H

5W1Hから4W1Hへ

質問の分類の仕方の1つに「5W1H」があります。5W1Hとは，
- When（いつ）
- Where（どこで）
- Who（誰が）
- What（何が）
- Why（なぜ，どうして）
- How（どのように）

です。

コーチングでは，5W1Hのうち，Whyは極力使わず，残りの4W1Hを使うことを基本とします。

学校で，子どもに対してこんな質問の仕方をしていないでしょうか。
「なぜ宿題をしてこなかったの？」
「どうしてちゃんとできないの？」

これらは，前項で述べた否定型質問でもありますが，「なぜ」「どうして」という質問の仕方は，**質問された側に責められているような印象を与えがち**です。

自己有用感や自尊感情が低い子どもは，このように問われると，たとえ考慮に値するような正当な理由があっても，それを言い出せなくなってしまい，

「ごめんなさい。次はがんばります」とその場しのぎの反応をするか，「なんだよ，うるさいなぁ！」と反発するしかなくなってしまいます。このようなことを繰り返していると，自己有用感や自尊感情はどんどん低下していきます。

How をうまく使う

では，Why を使わずに，子どもに成功の手がかりを与えるには，どのように質問すればよいのでしょうか。

ポイントとなるのが，How（どのように，どうやって）の使い方です。

先の例でいうと，

「<u>どうすれば</u>宿題ができるようになるかな？」

「<u>どうやったら</u>今度はちゃんとできるかな？」

といった具合に，**Why を How に置き換え，未来型質問の形にすればよい**のです。

こうすることで，子どもに責められているような印象を与えなくて済みますし，うまくいかない原因（＝うまくいくための方法）を究明することができきます。

このように，ちょっとした言い回しの違いでも，子どもに与える印象と有効性は大きく変わってきます。

POINT
❶ Why は子どもに責められているという印象を与えがち。
❷ How をうまく使うことで，印象はガラッと変わり，目的も達成しやすくなる。

第2章 子どもの自己有用感・自尊感情を育てるコーチングスキル

第2章　子どもの自己有用感・自尊感情を育てるコーチングスキル

子どもによいイメージを描かせるスキル

キーワード　五感

よいイメージを描く

　成功体験や他者から認められる経験が少ない子どもは，よいイメージを描いたり，成功した場面を想像したりすることが苦手です。
　そういった子どもに対するアプローチとしては，ただ子どもの言葉を聴いているだけでは意味がありません。聴くことと共に，子どもがもつイメージ，ビジョンなどを，子どもがよりクリアに描写できるように導くことが重要になります。
　そして，**教師がそれを共有することも大切です。**教師が，子どもがもつイメージを共有することで，子どもは「一緒にいてくれている」「自分のことを認めてくれている」と感じ，安心感が生まれるのです。

よいイメージを描くことの大切さ

　「人は言葉によって動く」といわれますが，正確にいうと，言葉そのものではなく，その**言葉によって引き起こされるイメージを描くことで引き起こされる感情によって動きます。**
　また，自由にイメージを描けるようになると，子どもは自分自身のことも鮮明にわかるようになります。過去の成功体験，未来のビジョン，目標，楽しいこと，うれしいこと，幸せなこと，うまくいっていること，そこには何があって，どのような風が吹いていて，どんな匂いがするのか…といったこ

とです。

　様々な情報が心のキャンパスに描かれます。自分自身のもつイメージを描写することによって，自分が何をしたいのか，どこへ行きたいのかなどが明確になります。

　また，描写された心の鮮明なイメージを使って潜在意識を動かし，潜在能力や自発的な行動を引き出していくスキルが，次章で紹介する「アファメーション」です。

イメージを描かせるポイント

　イメージを描くポイントは，**五感を働かせること**です。ゴールや成功の状態がある程度見えてきたら，教師は，子どもに五感を働かせるような質問を次々に投げかけ，イメージをクリアにさせていきます。

　「何が見えますか？」「明るいですか？　暗いですか？」「色は何色ですか？」「どんな音が聞こえますか？」「心地よい音ですか？　元気な音ですか？」「寒いですか？　暑いですか？」「風は吹いていますか？」…といった質問をして，イメージをどんどん具体化させていきます。そうすることで，子どもの中に新たな気づきが生まれます。

　このような投げかけをうまくするには，教師の体験量も重要になってきます。教師の今までの人生経験はすべて役に立ちます。ですから，積極的にいろいろな経験を積み重ねるが大切ことです。

POINT
❶自己有用感や自尊感情が低い子どもには，「よいイメージ」を描かせるトレーニングが欠かせない。
❷イメージを描かせるポイントは五感に働きかけ，場面を具体化させること。

第2章 子どもの自己有用感・自尊感情を育てるコーチングスキル

抽象的なイメージを具体的な行動に結びつけるスキル

> キーワード
> チャンク・ダウン

チャンク・ダウン（塊をほぐす）

　教師が質問しながら，過去の他者から認められた経験や成功のイメージを何とか引き出そうとしても，子どもが漠然とした返答しかできないときがあります。これは，それらが頭の中で抽象的な塊（チャンク）になっていることが多いからです。

　そこで，この抽象的な塊をほぐして，具体的な言葉に落としていくことを「チャンク・ダウン（chunk down）」といいます。チャンク・ダウンを通して，**考えをまとめたり，具体的な行動に**（「できる」というイメージがわくまで）落とし込んでいきます。

チャンク・ダウンの方法

　ある子どもが「もっと自信をもって行動できるようになりたい」と悩んでいるとします。しかし，自信をもって行動できるようになりたいという気持ちは伝わりますが，子どもの中では，「自信というのは何なのか」「自信をもつとはどういう状態なのか」「実際に何ができればよいのか」といった疑問が渦巻いています。

　そこで，**子ども自身の中にあるその抽象的な塊を，質問を通してほぐしていきます。**具体的に行動すべきことが見えてくるまで，繰り返しこれを行っていきます。

例えば、次のような質問と回答を繰り返します。おうむ返しなど、これまでに紹介してきた質問のスキルを用いながら、チャンク・ダウンしていっています。

「もっと自信をもって行動できるようになりたい」
　　　↓ down「『自信』って、例えばどういうこと？」
「みんなの前で、堂々と意見が言えること」
　　　↓ down「『堂々と意見が言える』ってどういうこと？」
「授業で、わかっていても恥ずかしくて意見が言えないことがあります。そんなときでも、手があげられるといいです」
　　　↓ down「どんなときはずかしいの？」
「間違えて笑われたことがあって、どうしても気が引けちゃうんです」
　　　↓ down「では、どうしたら発言できるようになるかな？」
「隣の友だちと答えを確認し合えたら、もっと自信がもてるかも」
　　　↓ down「先生に応援できることは何かある？」
「もし間違えても、笑われない雰囲気にしてほしい」
　　　↓ down「そうしたら自信をもって発言できるようになる？」
「きっと、がんばれると思います」
　　　↓ down「他に何か気になることはある？」
…

❶子どもが漠然としたイメージしか描けないときは、抽象的な塊をほぐして、具体的な言葉に落としていく。
❷子どもが具体的に行動すべきことがわかるまで質問を繰り返していく。

第2章 子どもの自己有用感・自尊感情を育てるコーチングスキル

具体的な行動から理想像をイメージさせるスキル

キーワード
チャンク・アップ

チャンク・アップ（塊をつくる）

　頭の中の抽象的な塊をほぐすことによって具体的な行動を引き出す方法がチャンク・ダウンでした。

　とるべき具体的な行動が見えたら，そこからさらに理想の状態をイメージできるようにしたいものです。その際に有効なのが，チャンク・ダウンと反対で，具体的なものの集合体を１つの塊にする「チャンク・アップ（chunk up）」です。

　チャンク・アップは，**具体的なものの本質を見つめ，抽象化することにより，具体的な行動の意味，目的（大切にしたいこと）を明確にします。**そのことによって，子どもは行動することへの動機づけが強くなり，目的に合った行動が取れるようになります。

チャンク・アップの方法

　具体的な行動が決まった後，次のような質問をして，考えをまとめさせ，目的を引き出します。

　「結局それらをやることによって，どんなことを実現したいのかな？」
　「それは，一言でいうと，どんなことになるかな？」
　「それらの行動に１つのタイトルをつけるとしたら？」
　「…できると何が変わる？」

> 「授業中にみんなの前で,堂々と意見が言えるようになりたいです」
> 　　　　↓ up「それができたら,どんな自分になれますか?」
> 「授業以外でも,自信をもって行動できます」
> 　　　　↓ up「例えば,どういうことですか?」
> 「もしかしたら,クラスの委員とか,リーダーにもなれるかも」
> 　　　　↓ up「リーダーになったらどうなれますか?」
> 「いろいろなことに挑戦でき,何でもできるようになります」
> 　　　　↓ up「何でもできるようになったら,どんな気分ですか?」
> 「みんなの役に立ち,人から頼られると自信がつきます」
> 　　　　↓ up「今の気持ちにタイトルをつけるとしたら?」
> 「『自分改造計画』なんて,いいかもしれません」

　上の例のように,**最後に理想像や目標を端的に表すタイトルをつけさせるのがポイント**です。

　「自分改造計画」のように,端的でオリジナリティのあるフレーズにまとめておくと,実際に行動を起こした際に理想像や目標を思い出しやすく,あらゆる場面でそれが拠りどころとなるからです。

❶とるべき具体的な行動が見えたら,その先にある理想像をイメージさせる。
❷チャンク・アップの最後に,理想像や目標を端的に表すタイトルをつけさせる。

第2章 子どもの自己有用感・自尊感情を育てるコーチングスキル

自信を喪失した状態を抜け出す
きっかけを子どもに与えるスキル

キーワード　今が完全

現状を抜け出すきっかけ

　自己肯定感や自尊感情の低い子どもは,「自分はだれの役にも立っていない」「自分は周りからバカにされている」「自分には才能がない」「どうせできない」などと,自分の未熟さに自責の念を感じたり,落ち込んだりしてしまいがちです。

　こういった子どもたちには,成功体験や他者から認められる機会をたくさんつくり,自己肯定感や自尊感情を高めていく必要がありますが,まずは現状を抜け出すきっかけとして,「今が完全」という意識をもたせることが大切です。

「今が完全」とは

　「今が完全」とは,どういうことでしょうか。

　自己肯定感や自尊感情が低い子どもに限らず,人は他者との違いを必要以上に意識すると,自分の欠点や足りない部分ばかりに目がいきがちで,「自分は欠点が多く不完全な存在だ」と思い込んでしまいがちです。

　しかし,自分自身だけに目を向け,歩んできた道を振り返れば,だれでも**「今の状態は,それが自分がもっているすべてであり,足りないものはない」**ということに気がつきます。

　「今が完全」であるということを理解し,それを受け入れられることがで

きれば，その状況をそのままにしておくこともできますし，もっとよくしようと改善することもできます。

「今が完全」の意識づけが必要な状況

　先にも述べた通り，子どもが大きく自信を喪失し，成功体験や他者から認められる以前に，まずは現状を抜け出すきっかけが必要なとき，この意識づけを行います。

　具体的には以下のような状況が当てはまります。

●努力をしたにもかかわらず，（他者と比べて）期待したような成果が上がらなかったとき。
●勇気を出して人前で挑戦したにもかかわらず，失敗してしまったとき。
●（他者と比べて）自分の方が得意だと思っていたことが，うまくできなかったとき。
●自信をもっていたことに対して，周囲からからかわれたりしたとき。

など

❶自信を大きく喪失している状況では，成功体験以前に，まずはその現状を抜け出す必要がある。
❷「今の状態は，それが自分がもっているすべてであり，足りないものはない」という意識づけが，そのきっかけを与えてくれる。

第2章 子どもの自己有用感・自尊感情を育てるコーチングスキル

子どもに自己決定させながら成長に結びつけるスキル

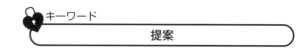
キーワード
提案

提案するとは

　教師は，日常の指導を通して子どもに様々な提案をします。自らの経験や知識に基づいて，子どもの人生の幅を広げる視点や選択肢を提供しているわけです。

　自己肯定感や自尊感情が低い子どもの中には，自分の殻に閉じこもってしまっているように見える子もいますが，そういった子どもも潜在的には自分自身とは異なる視点を欲しています。視点が増えれば，気づくことも増え，成長に結びつきます。

提案と指示，命令は違う

　ここで，教師の側が気をつけなければならないことがあります。それは，提案と指示，命令は違う，ということです。

　両者の違いは，物事の決定権がどちらにあるかという点です。つまり，指示，命令の場合，決定権は教師の側にあり，提案の場合，決定権は子どもの側にあります。提案は，あくまで子どもにとっての選択肢の１つであるというわけです。

　上手な提案には，押しつけがましさがなく，それでいて子どもにとってはやりたいという感情がわくような動機づけがあります。一方，教育の現場では，表面上は提案であっても，教師の強引な誘導によって，実質的には指示，

命令にすぎないような提案もよく見られます。特に，自己有用感や自尊感情が低い子どもは，そういった誘導に流されやすい，あるいは提案そのものを拒否してしまいやすいので，注意が必要です。

提案の工夫

では，子ども自身に，「教師の提案は自分にとっての選択肢の１つである」という意識づけを行うには，どうすればよいのでしょうか。

１つの方法として，はじめに，

「今，いくつか考えてほしいこと（思ったこと）があるんだけど，話してもいいですか？」

などと投げかけます。

ここではまず，具体的な提案を行う前に，**それが聞きたいかどうか子どもの意思を確認しています**。そして，１つではなく，**複数の案を提示することで，子どもの主体的な思考を促そうとしています**。

このような投げかけに子どもが慣れてきたら，

「…について先生の考えが聞きたいときには，相談してね」

と，提案のタイミングも子どもに委ねるとよいでしょう。

> **POINT**
> ❶自分の殻に閉じこもっているように見える子も，潜在的には自分自身とは異なる視点を欲していることが多い。
> ❷提案と指示，命令は違うものであり，子どもに決定させることが重要であるということを意識して，投げかけ方を工夫する。

第2章 子どもの自己有用感・自尊感情を育てるコーチングスキル

子どもに教師から期待されていると感じさせるスキル

キーワード
リクエスト

リクエストは「後押し」

　リクエストするとは，子どもに教師がしてほしいことを要望するということです。

　教師は，子どもにリクエストする権利をもっています。このリクエストが，子どもにとって**教師からの「後押し」と感じられるか，教師による「強要」と感じられるかによって，その行動がまったく異なってきます。**

　当然のことながら，教師は「後押し」と感じてもらえるリクエストをするために，うまく伝えるための能力を備えていることが必要です。

教師のリクエストが後押しと感じられる状況

　教師のリクエストが子どもにとって有効であり，後押しと感じられる状況をいくつか列挙します。

- ●子どもにすでに自信があり，ちょっと行動すれば成果が得られると感じられるとき
- ●具体的に何をしたらよいのかが見えているとき
- ●教師の体験が子どもにとって有効で，成果につながるとき

　しかし，教師がリクエストをしても，子どもに受け入れられなければ意味

がありません。子どもにとって有効であるはずのリクエストが受け入れられないというのは，豊かな人間関係が築かれていないという証拠でもあります。したがって，まずは教師と子どもの間に豊かな人間関係ができているのかをチェックする必要があります。

達成できると信じ感情を込めて伝える

　教師のリクエストは，時に子どもにとって厳しいと感じられるものであったりもします。

　そんなときには特に，教師はリクエストを押しつけととらえられないように，以下のようなポイントを押さえて行うことが重要です。

- 子どもが何をすればよいのか，あるいは何を達成すればよいのかを，できるだけ具体的に示す。
- いつまでにそれを終えてほしいのかを伝える。
- その子にはそれが達成できると信じて教師がリクエストしていることを感情を込めて伝える。

　自己肯定感や自尊感情が低い子どもにリクエストするとき特に重要になるのが3点目です。

　だれかの役に立ち，それが認められたという経験が少ない子どもは，何かを達成することを期待された経験も少ないということです。したがって，**「自分は今先生から期待されている」と思わせることこそが，一歩を踏み出させるために非常に重要なこと**なのです。

- リクエストは教師からの期待の表れであることを感情を込めて伝える。

メッセージの種類

教師は子どもにいろいろなことをメッセージとして伝えますが，子どもが受け取る自由度の違いにより「プレゼント」「提案」「リクエスト」「宿題」の４つに分類することができます。

	プレゼント (present)	提案 (suggestion)	リクエスト (request)	宿題 (homework)
詳細	・受け取ってもらうだけの贈り物 ・それをどうするかは子どもの自由	・試してみることをすすめる ・選択肢の１つであり，それをどうするかは子どもの自由	・してほしいことを要望する ・試してみてもらう	・（強制的に）させてみる
子どもの反応	「へぇ，先生はそんなふうに思っているんだ」	「へぇ，そういうやり方があるのか」	「よし，試してみよう」	「これはやらなければいけない」
教師側	・あくまでさらっと思いを伝える ・遠まわしに視点を与える	・やってみたら？ ・直接的に視点や選択肢を与える	・やってみてね ・教師が選んだ方法で，行動を促す	・必ずやって ・教師が選んだ方法で強制的に期限つきで行動させる

例	・「友だちを大切にしたいという気持ちは,思ってるだけじゃ伝わらないから,具体的な行動を起こすといいかもしれないね」	・「その子と遊んでみるというのはどうですか?」 ・「友だちを大切にしたいという気持ちを手紙に書いて渡してみるというのはどうですか?」	・「ぜひ一度,その子を遊びに誘ってみてください」 ・「ぜひ一度,友だちに手紙を書いてみてください」	・「来週までに,必ずその子に手紙を書いて渡してください」
自由度	大 →			小

　自由度が大きければ,それだけ子どもは教師の意思を負担に感じなくて済みます。一方で,自由度が大きいほど実際に行動に移す動機は弱くなる傾向にあります。

　子どもの特性やそのときの状況によって,メッセージの種類を使い分けるようにしましょう。

第2章 子どもの自己有用感・自尊感情を育てるコーチングスキル

子どもに広い視野をもたせるスキル

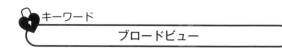
キーワード
ブロードビュー

ブロードビュー（広い視野）をもつには

　人は，どの立場からどこを見るかによって，見えてくる世界や感じる現象がまったく違ってきます。立つことのできる立場や見ることのできる焦点が少ないことを「視野が狭い」といい，逆に多いことを「視野が広い」といいます。自己有用感や自尊感情の低い子どもは，視野が狭い傾向にあり，視野が狭いと物事の選択の幅も狭まります。結果としていろいろな可能性が閉ざされてしまうのです。

　逆に視野を広げると，物事の本質が見え，わかることやできることが増えるので，周りから認められる機会が増え，自己肯定感や自尊感情も高まります。

　また，教師自身が広い視野をもつことも大変重要なことです。

視野は2つの要素（立場と焦点）で決まる

　視野には2つの要素があります。それは，立場と焦点です。つまり，「視野を広げる」とは，立てる立場と当てられる焦点を増やすということです。

　「立てる立場を増やす」とは，どういうことでしょうか。

●もし自分が先生だったら
●もし自分が学級委員だったら

●もし１年後の自分だったら

　このように他者や将来の自分など，いろいろな人の立場から物事を考えることができるようにするということです。

　次に，「当てられる焦点を増やす」とはどういうことでしょうか。

●表，裏
●上，下，横
●メリット，デメリット
●優先順位

のようなことが考えられます。
　焦点を増やすうえで大事なことは，常に対になる要素や一連の要素を意識するということです。

　いろいろな立場から，いろいろな焦点に光を当てられるようになると，周囲に認められる経験や成功体験が増え，自ずと自己有用感や自尊感情が高まっていきます。

POINT
❶視野２つの要素（立場と焦点）によって決まる。
❷立てる立場を増やすとは，いろいろな人の立場から物事を考えられるようになること。
❸焦点を増やすポイントは，常に対になる要素や一連の要素を意識すること。

第2章 子どもの自己有用感・自尊感情を育てるコーチングスキル

子どもに明確な目標を設定させるスキル

キーワード ビジョン

目標設定の意義

子どもの自己有用感や自尊感情を高めるうえで最も重要なことの１つが，子どもと共に明確な目標を設定することです。子どもがもつ資質や能力を最大限に引き出すためには，上手に目標を設定することが欠かせないからです。

目標を設定するうえで重要なことは，**数字等客観的に判断できる基準を設ける**ということです。例えば，「友だちを増やす」という目標では，実際に達成されたかどうかが不明確です。そこで「休日に遊びに誘える友だちが5人以上いる」というような目標を設定するのです。

目標設定の流れ

教師は，何よりもまず，子どもに目標を達成できたときのイメージを描いてもらう必要があります。そして，そのイメージを一緒に描くことが大切です。

❶ ビジョン，目標についてたくさん話してもらう

ここでどれだけのイメージを描くことができるかによって，具体的で明確な目標になるかどうかが決まります。また，目的に照らし合わせて，目標が目的にあっているかどうかも確認します。

❷ 客観的に判断できる目標にする

この設定ができないならば，もっとビジョンについて子どもと話す必要があります。教師と子どもが，常に同じイメージを描いていることが大切です。

❸ 目標を調整する

目標を高過ぎず低すぎないところに調整します。

❹ 「なりたい自分」を明確にする

目標が達成されたときの自分の姿をイメージさせます。「なりきる」ことが大切です。

❺ 達成の過程で自分自身が学ぶことは何かを聞く

予想される障害（外的な問題 or 内的な問題）を明確にし，それでもやると決められるかを確認します。達成の過程で学べることが多ければ多いほど，子どもは価値のあることだと感じます。

❻ 実行の意思を確認する

その目標に対する行動を，本当に子ども自身がやるかどうかを決めてもらいます。

- ❶目標には数字等客観的に判断できる基準を設けることが不可欠。
- ❷子どもに目標を達成できたときのイメージを描いてもらい，そのイメージを教師も一緒に描く。
- ❸目標に対する行動を実行するかどうかを決めるのは子ども自身。

第2章 子どもの自己有用感・自尊感情を育てるコーチングスキル

子どもの沈黙に対処するスキル

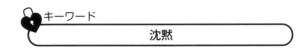
キーワード
沈黙

沈黙を恐れない

　どんな人でも，他者から認められたい，人の役に立ちたい，という思いをもっています。しかし，自己有用感や自尊感情の低い子どもの多くが，勇気をもって発言や発表をしたのに，それが認めてもらえなかった，もっというと，バカにされてしまったような経験をもっています。
　そうなると，どうしても発言や発表に苦手意識をもってしまい，授業中にも沈黙に陥りがちです。教師に指名されたとしても，黙り込んでしまうことがしばしばあります。
　そういった子どもに，自分の意見や考えを表出させるアプローチは重要ですが，一方で教師が意識しておきたいことがあります。
　それは，「(教師が) 沈黙を恐れない」ということです。

無理に沈黙を破ろうとしない

　多くの教師は，子どもの沈黙が苦手です。教師が何か投げかけたとき，子どもが沈黙してしまうと，「説明が悪かったのだろうか…」「子どもたちは何も理解できていないのではないだろうか…」と焦ってしまいます。
　この焦りから，たたみかけるように問いを重ねたりすると，特に自分の意見や考えを述べることに慣れていない子どもは，委縮し，なおさら話すことができなくなってしまいます。

子どもが沈黙しているときは，**「深く考えている時間」「自分の内面を見つめている時間」**である場合が少なくありません。教師はそれをよく感じ取り，「なぜ子どもは沈黙しているのか」という理由を，しっかりと見極める必要があります。

ただひたすら待つ

　沈黙に対処する方法は，１つしかありません。
　しゃべらず，手を貸さず，子どもが自分自身の力で答えを見つけられるまでじっと待つのです。
　ただ，沈黙に陥っている原因が，教師の問いや説明を理解できていないということである場合も考えられるので，問いや説明を繰り返すことが必要なときもあります。
　また，沈黙があまりにも長く続く場合には，**子どもの意識が自分自身の内面に向かうような質問をする**ことが有効な場合もあります。
　はじめの問いの内容にもよりますが，
　「あなたが本当にしたい事は何だったかな？」
　「あなたはどうしたいのですか？」
　「あなたが一番大切にしたかったことは何ですか？」
といった質問です。

❶子どもが沈黙することを恐れてはならない。
❷子どもが沈黙している理由をしっかりと見極める。
❸沈黙があまりにも長い場合は，必要に応じて，子どもの意識が内面に向かうような質問をする。

第2章 子どもの自己有用感・自尊感情を育てるコーチングスキル

子どものマイナス思考を転換させるスキル

キーワード
事実，解釈，決断

事実・解釈・決断

人は毎日，「事実→解釈（想像）→決断」の繰り返しの中で生活しています。

例えば，以下のようなことです。

事実 目覚まし時計が6時を告げた。
解釈 そろそろ起きなければならない。
決断 起きて登校の準備をしよう。

同じことを日々繰り返していると，事実から決断までの一連の流れは固定化・習慣化していきます。言い換えると，解釈や決断がほとんど反射的に行われるようになってくるのです。

これは，解釈や決断が前向きなものであれば有効な作用ですが，後ろ向きなものだと考え物です。

事実 先生が学級代表の立候補をクラスに投げかけた。
解釈 （みんなの役に立ちたいという気持ちはあるけれど）手をあげたらきっとみんなに笑われるだろう。
決断 立候補するのはやめておこう。

この例のように，**自分の本当の意思は他のところにあるにもかかわらず，過去の経験などから固定化してしまった後ろ向きな解釈が，新たな決断，前向きな決断を阻害してしまうのです。**
　これは，自己有用感や自尊感情が低い子どもによくみられる思考パターンで，前向きな思考に転換するためには，反射的なマイナスの解釈を変更する必要があります。

前向きな決断を引き出す教師の言葉かけ

　反射的なマイナスの解釈を変更するうえで重要になってくるのが，教師の言葉かけです。
　先の例でいうと，過去の経験から立候補を躊躇していることが予測できるのであれば，一足飛びに立候補を促すのではなく，
　「〇〇さんは，どう思っているの？」「〇〇君は，今どんな気持ち？」
と，**まずはマイナス方向に向かう子どもの今の気持ちを引き出します。**
　そして，「手をあげたらきっとみんなに笑われるだろう」という子どもの解釈，つまり，前向きな決断を阻害する要因がはっきりしたら，子どもの不安な気持ちに寄り添ったうえで，
　「先生は〇〇さんの立候補に期待しているし，みんなも絶対歓迎してくれるはずだよ」
と，**子どもの決断を後押しする言葉をかけます。**

❶自己有用感や自尊感情が低い子どものマイナス思考は，事実から決断までの一連の流れの固定化で引き起こされていることが多い。
❷いきなり解釈の変更を迫るのではなく，いったんマイナス方向に向かう子どもの気持ちに寄り添う。

第2章 子どもの自己有用感・自尊感情を育てるコーチングスキル

子どもに成功のイメージを もたせるスキル

キーワード　モデリング

「モデリング」とは

　前項では，教師の言葉かけによって，自己有用感や自尊感情が低い子どもをマイナス思考から抜け出させる方法を紹介しました。

　そういった方法は，言葉かけ以外にも存在します。

　その中でも特に有効な方法が，「モデリング」です。読んで字のごとく「モデル（見本）をもつ」ということです。「あこがれの人の真似をさせる」と，表現してもよいかもしれません。

　モデリングは，学校教育の中でも当たり前のように行われています。教師が手本を示し，それに倣って新しいことを学習するのも，ある種のモデリングです。また，日本の伝統芸能の世界などでみられる「守破離」の「守」も，モデリングの段階であるといえます。

　しかし，ここで大切なことは，「モデルが，子ども自身があこがれ，なりたい存在である」ということです。つまり，**モデルを子ども自身に決めさせる**のです。

　モデルは別に実在の人間でなくても構いません。子どもが同化できるキャラクターをもっていれば，例えば子どもが大好きなアニメの主人公でも，歴史上の人物などでもよいのです。

なりきることで成功のイメージが膨らむ

　あるサッカースクールでは，まずスクールに入ってきた子どもにひと通りいろいろなことをやらせて，その子の個性を観察し，観察したコーチ陣の協議の結果，モデルとなる選手を決めるそうです。
　例えば，モデルとなる選手が長友佑都になったとします。
　そう決まったら，その子どもに「君は今日から長友佑都だ！」と伝え，子どもがそれに合意したら，長友佑都のビデオをずっと見せ続けるそうです。そして，長友佑都になりきった状態で練習し，長友佑都になりきった状態で試合をすることを繰り返すのです。
　頭の中がすべて長友佑都の映像とイメージでいっぱいなので，不思議とフォームやプレイスタイルも似てくるそうです。
　そして，何よりも大きいのは，自信をもってプレイできるようになり，成功のイメージをもちやすくなるということです。
　指導者も，例えば，練習中に，
　「長友佑都だったら，ここでどう守ると思う？」
　「長友佑都だったら，この後どこへ走る？」
と，**モデリングを生かした言葉かけを積極的に行い，子どものもっている力を引き出していきます。**

POINT

❶「モデリング」とは，モデル（見本）をもつということ。
❷自己有用感や自尊感情が低い子どもには，モデルを子ども自身に決めさせることが大切。
❸教師もモデリングを生かした言葉かけを積極的に行い，子どものもっている力を引き出す。

第2章 子どもの自己有用感・自尊感情を育てるコーチングスキル

子どもの思い込みを
プラスに転換するスキル

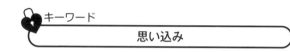

キーワード
思い込み

思い込みが招く負のサイクル

　自己肯定感や自尊感情の低い子どもは，**「自分なんかがみんなの役に立つことはできない」「どうせやってもうまくいかない」**など，後ろ向きな思い込みにとらわれていることが多いものです。そのため，一歩を踏み出すことができず，結果として成長の機会を失い，さらに自己肯定感や自尊感情が低下する…という悪循環に陥ります。

運の良し悪しは解釈次第

　こういった思い込みというのは，子どもが過去に経験した事実が基になっていることが多いものです。ですから，なかなか思い込みから抜け出せないで苦しんでいる子どもが多いのです。
　一方で，**自分が信じる（思い込む）べきことは何かを決められるのも，また子ども自身**です。
　自己肯定感や自尊感情の低い子どもによくみられる思い込みに，「自分は運が悪い」というものがあります。実際に「運が悪い」と感じるに至る何らかの体験をしたことがあるのでしょうが，たった一度のその経験によって運が悪いことに敏感になり，様々なことを「運が悪い」と解釈してしまいます。
　これは，逆のことも言えます。
　つまり，「自分は運がよい」と思い込んでいると，運がよいことの方に敏

感になり，様々なことを「運がよい」と解釈できるようになります。

実際に運が悪いのかよいのかはともかくとして，いったい，どちらを信じた方が子どもの気持ちが前向きになるかは一目瞭然です。

思い込みの変え方

ここでは思い込みを変えるアプローチの１つを紹介します。自己肯定感や自尊感情の低い子どもの後ろ向きな思考を変えるのは大変な仕事ですが，根気よく繰り返し働きかけることが重要です。

❶ 事実を確認する

例えば，「自分はみんなから評価されていない」と思い込みやすい子どもであれば，そう思い込むに至った事実を確認します。

❷ 解釈を変更する

「発表したら間違えていて，友だちにバカにされた」という事実が確認されたとします。そうしたら，その事実にかかわるプラスに解釈できそうなことを探します。この例でいえば「一番に発表した」「みんな意見を発表できず膠着状態だった」「間違いから重要な発見が生まれた」といったことです。

❸ 前向きな口癖を考えさせる

例えば，「自分の発言は必ずみんなの役に立つ」といったものです。マイナス思考に陥りそうなとき，一歩を踏み出せないときに，この口癖を心の中で唱えさせます。

●自分にとって有益な見方（思い込み）で事実を解釈し直させる。

第2章 子どもの自己有用感・自尊感情を育てるコーチングスキル

子どもが目標に向かう原動力を引き出すスキル

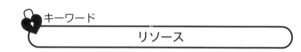
キーワード
リソース

リソースとは何か

リソースとは,直訳すると「資源」という意味です。

どんな子どもでもその子独自のリソースをもっており,それを活用し,がんばろうとします。そういう意味では,その子のもつ強みともいえます。

子どもが目標に向かって進むためには,前に進んでいく原動力となるリソースが必要になります。

リソースの具体例

子どものリソースは千差万別ですが,子ども自身がそれらを自覚できるように支援する必要があります。特に,自己有用感や自尊感情が低い子どもほど,自分のリソースに気づきにくい傾向があります。

- いつでも明るくふるまえる
- コツコツ努力ができる
- 足が速い
- 友だちが多い
- 何時間でも本を読める
- 学校を休んだことがない

上記のように,性格的なことから具体的な行動傾向まで,どんなことでもリソースになります。ただし,自己有用感を高めるという視点で考えたとき,重要なポイントが1つあります。それは,**そのリソースが他者からみてもリ**

ソースであるととらえられるということです。自己評価と他者のとらえに隔たりがあると，自己有用感の高まりには結局つながらないからです。

リソースの活用

子どものリソースの活用には，「探す」「伝える」「確認する」の3段階があります。

❶ 探す

その子にどんなリソースがあるのかを意識して探し，メモを蓄積していきます。

❷ 伝える

教師が気づいたリソースを，肯定的かつ具体的な言葉で子どもに返していきます。

その際，リソースの中で，子どもが自信をもっていそうなことはYouメッセージを中心に，自信のなさそうなことはIメッセージを中心に伝えるようにします。

❸ 確認する

❶，❷によって子どもに自身のリソースに気づかせたら，発言や行動の変化を観察します。場合によっては行動を後押ししたりすることも必要です。

- ❶だれにでも，その子ならではのリソースがある。
- ❷自己評価と他者評価が一致するリソースは，自己有用感を高めるうえで重要になる。

第2章 子どもの自己有用感・自尊感情を育てるコーチングスキル

段取りよく物事に取り組めるように子どもを導くスキル

キーワード
優先事項，後先事項

時間を有効に使うには

　限られた時間を有効に使うためには，物事に優先順位をつける必要があります。成功体験が豊富で，何につけても段取りがよい人は，そのことが上手です。

　一方，成功体験が少なく，なかなか物事を段取りよく進められない子どもは，優先順位のつけ方がうまくありません。そういった問題を解決するうえでポイントになるのが，**「後先事項を洗い出す」**という作業です。

優先事項と後先事項

　物事には，優先事項と後先事項があります。

　優先事項とは，読んで字のごとく，優先して（あるいは最優先で）行うべきことです。

　それに対して，後先事項とは，後回しにしてもよいこと，もっというと，無理ならしなくてもよいことです。

　段取りよく物事を進められない子どもは，優先順位をつけることばかりに意識がいきがちですが，**その中にはそもそも順位を決める必要がない後先事項がたくさん含まれており，無用な順位づけに長い時間をかけている**ということが実は少なくないのです。

　そこで，後先事項を洗い出す作業が必要になるのです。やらなくてもよい

ことは思い切って捨てさせるということです。

思い切って捨てることの大切さ

　例えば，ロッカーや机の中がいつも乱雑で，それをとなりの友だちや班員から繰り返し指摘されることで自信を失っている子がいたとします。

　こういった子どもに対して，教師は「きちんと片づけなさい」と指示しがちです。しかし，このように指示すると，子どもは今あるものを限られたスペースの中で整頓しようとし始めます。これには時間がかかりますし，そもそもスペースに対してものが多過ぎるから乱雑になっているわけで，まずうまくいきません。

　したがって，こういった場合には，まず**「いらないものを捨てなさい」**という指示が必要になります。

　上の話は，あくまで日常の学校生活の中の小さな具体例です。しかし，例えば，「大人になったら，野球選手になりたいから…」など，自分の将来にかかわるような大きなことについて優先順位を考えなければならない場合，やらなくてもよいことを思い切って捨てるというのは，非常に重要なポイントになってきます。

> **POINT**
> ❶成功体験が少ない子どもがなかなか物事を段取りよく進められないのは，優先順位ばかりを考えているから。
> ❷優先順位を考える前に，後先順位を洗い出し，思い切って捨てる必要がある。

第2章 子どもの自己有用感・自尊感情を育てるコーチングスキル

子どもの価値観を明確にするスキル

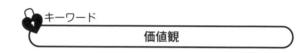
キーワード
価値観

伝えたつもりが伝わらない

　自分は伝えたつもりでも，相手には伝わっていなかった，ということがよくあります。
　そういったことが続くと，ひいては自己評価と他者による評価の食い違いを招き，自己有用感を下げる要因になってしまいます。
　「自分はこんなにがんばっているのに，みんなは認めてくれない！」
といったことです。

価値観を明確に示す必要性

　まず，人は話をしたり，聞いたりするとき，自分の価値観（ものの見方や考え方）を通して話したり，聞いたりします。その価値観の違いが大きいと上で述べたような問題が顕在化しやすくなります。
　また，学校で同じ学級内で毎日一緒に過ごしている場合，価値観の違い自体は大きくなくても，**「いつも一緒にいるのだから，こんなことは言わなくても伝わって当然」という思い込みが生じやすく，その思い込みが食い違いを招く**ことがあります。
　したがって，教師は子どもの伝えたいことを正確に受け取るために，子どもが伝えたいことを明確にし，子どもにそれで間違いないかどうかを次のような質問をしながら，確認しながらコミュニケーションを進める必要があり

ます。
「君が言いたいことは，…ということですか？」
「…とは，どういうことですか？」
「繰り返すと…ですか？」
（これらは，教師に限らず，学級に根づかせたい質問の習慣です）

価値観を明確にする

さて，**子どもの価値観を確認し，明確にすることは，子どもが自らの選択基準に基づき決断することをサポートするということ**でもあります。

その際，次のように質問をします。

「自分が大切にしていることに照らして考えたら，どうすることが一番いいと思いますか？」

「今の自分は，どんな結果を出せる行動ができると思う？」

また，決断によって実行したことが実際に効果的で，納得のいく結果が出たかどうかの振り返りを促すことも重要です。

「この結果を見て，自分の決断はどうだったと思いますか？」
「この決断は，自分のやりたいことにつながっていますか？」

❶同じ教室で毎日生活していると，「こんなことは言わなくても伝わって当然」という思い込みが生じやすい。

❷子どもの価値観を確認し，明確にすることは，子どもが自らの選択基準に基づいて決断することをサポートすること。

第2章　子どもの自己有用感・自尊感情を育てるコーチングスキル

子どもに時の流れに沿って目標をとらえさせるスキル

キーワード
未来，現在，過去

未来を確かめる

「未来」は，子どもにとっての目的地ともいえます。子どもが向かおうとしている場所，あるいは，子ども自身が掲げる目標，ビジョン，夢といったもののことです。

そういった子どもの未来について確かめるのに有効な方法が，既述のチャンク・アップで，以下のような質問を投げかけながら，子どもが目的に合った行動を取れるようにしていきます。

「その目標を達成するのは，どれほど大切なことなのですか？」

「それを成し遂げることには，どんな意味がありますか？」

これは，その目標を達成することが，子どもにとってどんなに大事なことなのか，それを達成したときに感じる喜びはどんなものなのか，といったことをイメージさせるということでもあります。

ただ単に「がんばれ！」と励ますのではなく，**具体像をイメージさせることによって，子どもは自分で自分を励ますようになります。**

現在を確かめる

未来（目的地）が確認できても，それだけで辿りつくことはできません。実際に目的地に行くためには，現在地を知る必要があります。子どもが現在どのような位置で，どういう状況に置かれているかということを確かめるの

です。

　ここで，注意が必要なことがあります。他者から認められた経験が少なく，自己有用感や自尊感情の低い子どもは，自分の現在地を見失いがちで，多くの場合，自分の今の力を実態以上に低く見積もっていたり，必要以上に現状を悲観的にみていたりします。

　そこで，正しい現在地を確認させるために，**いったん外の（客観的な）視点に立たせ，物事や出来事をとらえさせる（既述のデソシエイト）**のです。もちろん，子どもにいきなり「外の視点に立て」といっても難しいので，

　「今の○○君に，…はできると思う？」

といったように，教師からの適切な問いかけが必要になります。

過去を確かめる

　目的地に向かうとき，子どもにとって大きな助けになるのが，過去における「成功体験」です。ところが，自己有用感や自尊感情が低い子どもは，成功体験よりも失敗体験の方をよく覚えており，何か問題に直面したとき，「またあのときのように失敗するのではないか？」などと腰が引けてしまいがちです。

　しかし，どんな子どもも1つか2つは必ず成功体験をもっています。**その体験を教師が引き出し，子どもが掲げる目標やビジョンとうまく重ね合わせてあげることが大切**です。

　「朝の1分間スピーチで1学期の目標を発表したときの姿，立派だったよね？　みんな心から拍手をしていたよ。全校集会でのスピーチも，聞いている人の人数が違うだけで，やることは一緒じゃないかな？」

●時の流れを意識することで，目標に向けた適切な働きかけができる。

第2章 子どもの自己有用感・自尊感情を育てるコーチングスキル

枠組みを変えて子どもに新たな価値観を示すスキル

🔑 キーワード
状況のリフレーミング，内容のリフレーミング

リフレーミングとは

　子どもの行動やふるまいは，どんな場合でも，その状況下で最善の選択をしたうえで実行しています。たとえそれが失敗に終わっても，失敗したくて失敗しているのではありません。

　例えば，毎朝のように遅刻してくる子どもにしても，「朝寝坊すること」が「朝きちんと登校すること」より勝っているから，そうなってしまうのです。ということは「朝，時間通りに登校する方が自分にとってよいことがある」という新しい思考ができれば，そのように行動が変化することも期待できます。

　遅刻の常習犯は，怒られることにはすでに慣れっこになっているわけですが，時間通りに登校できたことをほめると，習慣を変えることがよくあります。このように**体験的につくられた枠に対して，別の枠を示して行動を変えてあげる（枠組みを再構築する）**ことを，「リフレーミング」といいます。

　リフレーミングで最も重要なことは，何でもプラスに考えられるようにすることです。子どもがとらわれているフレームより，もっと快適なフレームを示さないと，子どもはそちらに移ろうとはしませんから，当然のことと言えます。そのために教師には，**柔軟に発想し，常に可能性のある方向を見いだしてあげられるスキル**が求められます。

状況のリフレーミング

リフレーミングには2つの種類があります。

1つは「状況のリフレーミング」です。状況のリフレーミングとは、**今の状況では役に立たない能力も，状況を変えれば役に立つと考える**ことです。

例えば，1つのことに没頭するとまわりが見えなくなり，授業になかなかついていけない子どもがいたとします。これは，取り組むべき1つのことを適切に選択してあげれば，並外れた集中力を発揮し，大きな成果を上げる可能性がある，と考えることができます。

他者から認められる機会が少なく，自己有用感が低い子どもの中には，実は，もっている力が「その状況では」認められないだけで，状況が変われば周囲が目を見張るような活躍を見せる子どもも少なくありません。

内容のリフレーミング

もう1つは「（意識）内容のリフレーミング」です。内容のリフレーミングとは，意識の内容を肯定的に変えることで，否定的なとらえを解消していくことです。

例えば，人が集まるところ，どこにいても悪目立ちしてしまい，先生からすぐに注意されてしまう子どもがいたとします。これを「悪目立ち」ではなく，「どこにいても人の耳目を集める存在感がある」と表現すると，印象はかなり変わってきます。

POINT
❶枠組みを再構築することで，新たな価値観を示すことができる。
❷リフレーミングの方法には状況と内容の2つのパターンがある。

第2章　子どもの自己有用感・自尊感情を育てるコーチングスキル

子どもの短所を長所に変換するスキル

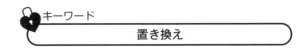

キーワード
置き換え

短所と長所は表裏一体

　自己有用感や自尊感情が低い子どもは，
「みんなはわかってくれない」
「自分には無理だ」
「どうせできない」
などと，とかくネガティブな言葉を口にしがちです。
　それに対して，「確かに君には無理だ」「君にはできない」という言葉をかけるような教師はまずいないでしょう。
　しかし，そういった子どもの発言や態度に日々接しているうちに，「この子はがんばってもできない」「この子ならそういうこともあり得る」といったように，教師も潜在意識の中で，子どもをネガティブにとらえてしまったり，短所ばかりに目を向けてしまったりすることがあります。
　そういった状況に陥らないようにするためには，教師自身が「リフレーミング」を意識して，常に子どもをポジティブに見とる習慣をつけておくことが大切です。
　例えば，だれかれ構わずおせっかいを焼こうとするので，周囲から疎ましがられている子どもがいたとしたら，それを「おせっかい」と思わず，「世話好き」ととらえ直すようにします。すると，例えば「学級で飼っている生き物の世話役を任せる」「兄弟学年のイベントの責任者を任せる」といったように，**その子の特徴を生かした指導の方途が見えてきたりします。**

言葉をポジティブに置き換える

子どもをポジティブに見とる習慣をつけていくうえで、ボキャブラリーの問題は非常に重要です。すなわち、**子どもをとらえるネガティブな表現に関して、いかにたくさんのポジティブな置き換えを知っているかで、対処できる範囲が変わってくる**ということです。

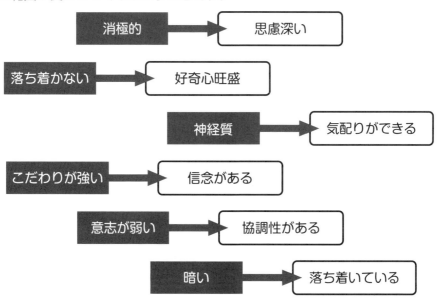

消極的 → 思慮深い
落ち着かない → 好奇心旺盛
神経質 → 気配りができる
こだわりが強い → 信念がある
意志が弱い → 協調性がある
暗い → 落ち着いている

※次ページから50音順のネガ→ポジ置き換え一覧を掲載します。

POINT

❶ 子どものポジティブな面にフォーカスすると、その子の特徴を生かした指導の方途もみえてくる。

❷ 子どもをポジティブに見とることができるかどうかは、ネガ→ポジの置き換えをどれだけ知っているかにかかっている。

	ネガティブ	ポジティブ
あ	甘えん坊	人にかわいがられる
あ	あきっぽい	好奇心旺盛
あ	あきっぽい	興味が広い
あ	あきらめが悪い	一途
あ	あきらめが悪い	粘り強い
あ	あわてんぼう	行動的
あ	あわてんぼう	行動が速い
い	いいかげん	些事にこだわらない
い	いいかげん	おおらか
い	意見が言えない	争いを好まない
い	いいかげん	ゆずり合いの心がある
い	いばる	自信がある
う	浮き沈みが激しい	感性豊か
う	うるさい	活発
う	うるさい	明るい
お	おこりっぽい	心に正直
お	おこりっぽい	情熱的
お	おしゃべり	人と接するのが上手
お	おっとりしている	細かいことにこだわらない
お	おとなしい	おだやか
お	おとなしい	話をよく聞く
お	おもしろみがない	まじめ
か	かたくるしい	礼儀正しい
か	勝ち気	向上心がある
か	カッとしやすい	情熱的
か	変わっている	個性的
か	がんこ	意志が強い
か	がんこ	信念がある
か	がんこ	考えがはっきりしている

	ネガティブ	ポジティブ
き	気が弱い	人を大切にする
き	気が弱い	我慢できる
き	気が強い	情熱的
き	きつい	するどい
き	厳しい	責任感がある
き	厳しい	自分に自信がある
く	口が重い	思慮深い
く	口が悪い	率直
く	口が軽い	うそがつけない
く	口が軽い	社交的
く	口下手	うそがつけない
く	暗い	自分の世界を大切にしている
け	けじめがない	一事に集中できる
け	けち	ムダがない
け	計画性がない	ダイナミック
こ	強引	リーダーシップがある
こ	興奮しやすい	情熱的
こ	こだわりが強い	感性が鋭い
こ	断れない	相手の立場を考えられる
こ	断れない	人のために尽くせる
こ	断れない	人情味がある
さ	さわがしい	明るい，活発
さ	さわがしい	元気がいい
し	しつこい	ねばり強い
し	自分がない	ゆずり合う心がある
し	自慢が多い	発信力がある
し	自慢が多い	自尊感情が高い
し	地味	素朴，ひかえめ
し	消極的	ひかえめ

	ネガティブ	ポジティブ
し	消極的	協調性がある
す	図々しい	物怖じしない
せ	せっかち	行動的
せ	せっかち	行動が速い
せ	責任感がない	自由，枠にとらわれない
せ	外面がいい	人と接するのがうまい
た	だまされやすい	純粋
た	だまされやすい	人を信じられる
た	だらしない	こだわらない
た	だらしない	おおらか
た	だらしない	鷹揚
た	短気	表現が素直
ち	調子に乗りやすい	まわりを明るくする
ち	調子に乗りやすい	ノリがいい
つ	冷たい	冷静
つ	冷たい	判断力がある
て	でしゃばり	世話好き
な	生意気	独立心がある
な	泣き虫	人情味ある
な	泣き虫	感情表現が素直な
な	なげやり	あきらめがよい
ね	根暗	自分の世界を大切にしている
の	のんき	細かいことにこだわらない
の	のんびり屋	細かいことにこだわらない
は	八方美人	人づき合いがうまい
は	反抗的	ガッツがある
は	反抗的	意志が強い
は	はずかしがり屋	いつも緊張感をもてる
ひ	人づき合いが下手	細やかな心をもっている

	ネガティブ	ポジティブ
ひ	人づき合いが下手	自分の世界を大切にしている
ひ	人に流されやすい	友だち思い，協調性がある
ひ	一人になりやすい	独立心がある
ひ	人をうらやむ	向上心が強い
ふ	ふざけが目立つ	いつも陽気
ふ	プライドが高い	自分に自信がある
ほ	ぼーっとしている	細かいことにこだわらない
ま	まわりを気にし過ぎる	細やかな心配りができる
ま	負けず嫌い	向上心がある
む	むこうみず	思い切りがいい
む	むこうみず	行動的
む	むこうみず	決断力がある
む	無口	おだやか
む	無口	話をよく聞く
む	無理をする	リーダーシップがある
む	無理をする	忍耐強い
め	命令調	リーダーシップがある
め	目立たない	素朴
め	目立たない	利他的
め	目立ちたがり	積極性がある
め	面倒くさがり	おおらか
よ	よく考えない	行動的
ら	乱暴	たくましい
る	ルーズ	些事にこだわらない
る	ルーズ	おおらか
わ	忘れっぽい	引きずらない
わ	わがまま	自己主張ができる

第2章　子どもの自己有用感・自尊感情を育てるコーチングスキル

「できない思考」の繰り返しから子どもを脱却させるスキル

キーワード　ミルトン・モデル

ミルトン・モデル

　枠組みを変えて子どもに新たな価値観を示すスキルや，子どもの短所を長所に変換するスキルについてみてきましたが，自己有用感や自尊感情が低い子どもの中には，どうしても「できない思考」を繰り返してしまう子がいます。

　そんな子どもには，**「できる」ことは暗黙の前提として，「何（どっち）をやるのか」を問う**というアプローチが功を奏することがあります。問いかけられた子どもは，無意識化でできることが前提となり，実行することに意識が傾くのです。

　これは催眠療法士のミルトン・エリクソンが催眠療法中にクライアントに対して投げかけていた巧みな問いを体系化した「ミルトン・モデル」の手法の一部です。

　具体例をみてみます。
　例えば，どうしても人前で意見を発表することが苦手な子どもがいたとします。その子に，
　「発表できない原因は何なのかな？」
　「どうすれば発表できるようになると思う？」
などと問うのではなく，
　「2時間目と3時間目，どっちの時間に発表しようか？」

と投げかけます。

　できる or できないの次元で深堀りしていくと，結局「やっぱりできそうにない」という結論に至ることがみえているので，それを回避するために，できることは暗黙の前提として，どちらで（いつ）やるのかを問うているわけです。

　このようにして，とりあえず「発表をする（できる）」という前提を子どもと共有したら，具体的にどんなことを発表するかなどを相談して決めるとよいでしょう。

最適ケースとリスクを理解する

　このアプローチを用いるうえで，教師が注意しなければならないことがあります。それは，**子どもが本来もっている力を発揮すれば，十分達成可能なケースで用いる**ということです。

　当然のことですが，できることを暗黙の前提としていても，実際にやってみてできなければ意味がありませんし，そうなると子どもは，「教師の強引な誘導で，しなくてもよい失敗をさせられた」と考え，さらに深刻な「できない思考」に陥ってしまう恐れがあります。

　自分の力を過小評価しがちな，自己有用感や自尊感情が低い子どもに有効な方法であることは確かですが，このようなリスクと子どもの実態をきちんと理解してアプローチすることをおすすめします。

> **POINT**
> ❶「できない思考」を繰り返してしまう子どもには，「できる」ことは暗黙の前提として，「何（どっち）をやるのか」を問うことが有効。
> ❷子どもが本来もっている力を発揮すれば，十分達成可能であることを前提とする。

第3章
教師の
自尊感情を高める
コーチングスキル

Chapter 3

第3章　教師の自尊感情を高めるコーチングスキル

自分の教育活動に
自信を与えるスキル❶

キーワード
ミッション・ステートメント

ミッション・ステートメントとは

　この本を読んでいただいている方の多くは，子どもの自己有用感や自尊感情を高めたいと考えておられるはずです。
　では，教師である読者の先生ご自身は，どうなりたいのでしょうか？
　そこには，**教師として自分が何を大切にして，どんな行動をして，どんな人間でいたいかという価値観や原則**が存在するはずです。その価値観や原則を「ミッション」といい，それらを文章化したものを「ミッション・ステートメント」といいます。

ミッションを確立すると自信が生まれる

　ミッション・ステートメントは，**どんな状況においても，自分の行動や決断の指針となるもの**といえます。
　ミッション・ステートメントをもつと，子どもを見とったり，成長を促すような働きかけをしたりするとき，周囲の意見や偏見，既成概念といったものにとらわれることなく，常に主体的な判断ができるようになります。
　言い換えると，教育に対するミッションを確立し，それを明文化することで，自分の教育活動に対する自信が生まれるわけです。

ミッション・ステートメントをつくる

　ミッションは，自分の本質，価値観を深く見つめていくことによってたどり着くものです。じっくり時間をかけて自分自身の本質，価値観を見つめ，それが自分の望んでいるものであるかどうかを検証することが大切です。その後，自分の想像力をフルに活用して，自分の望むビジョンを描き，それに目的と方向性を与え，自分のミッションを明文化します。

●常に子どもの立場になって言葉をかける。
●学級の子どもたち全員がいつでも笑顔でいられるようにふるまう。
●子どもの悪い面ではなく，よい面に光を当てる。
…

　上はミッション・ステートメントの一例ですが，ミッション・ステートメントは短期間で完成するものではありません。深い反省，注意深い分析，入念な表現，そして多くの書き直しを経て完成に至るものです。また，人に見せるものではないので，完璧なものでなくても構わないのです。
　そして，**ミッション・ステートメントは定期的に見直すことがポイント**です。年月とともに人は成長するものです。そして，自身の成長とともにミッションも変ります。状況が変化して行くに従って細かな修正を加え，いつも自分の中にある大きな柱をゆるぎないものにします。

POINT
❶ミッションを定め，明文化することで，自分自身の教育活動に自信が生まれる。
❷ミッション・ステートメントは定期的な見直しが必要。

第3章　教師の自尊感情を高めるコーチングスキル

自分の教育活動に自信を与えるスキル❷

キーワード
子どもの事実，変容

自分の「これだけは」をすべてリストアップする

　いくら有能でも，すべてにおいてチャンピオンになれるという人はこの世に存在しません。
　一方で，だれにでももって生まれた独自の才能があり，ていねいに探せば，「これだけは」といえるようなことが必ず1つか2つはあるものです。地球上には70億以上の人がいますが，自分とまったく同じ人は1人もいないのです。
　ですから，教師として自信がもてなくなったときには，**自分の中の「これだけはがんばってきた」「これだけは得意といえる」ということを，考えられる限りリストアップしてみましょう。**
　「あいさつの声が職員室で一番大きい」
のように，小さなことでも構いません。
　「黒板に文字を真っ直ぐ書ける」
のように，他者からみれば当たり前と感じるようなことでも，それが得意ならそれでよいのです。
　「運動が苦手なので，体育が嫌いな子どもの気持ちがよくわかる」
のように，とらえようによっては短所と考えられるようなことでもよいわけです。

　人は他者のよさにはよく気がつくもので，それに対して自分は劣っている

と考えてしまいがちです。だからこそ、自分自身ときちんと向き合い、評価することが大事になるのです。

がんばりを他者に認めてもらうために

　自分の中の「これだけはがんばってきた」「これだけは得意といえる」ということがたくさん見つかったら、それを他者に認めてもらえると教師も自己有用感や自尊感情が高まります。

　認めてもらう他者とは、職員室の同僚であり、時には保護者ということもあるでしょう。

　さて、そういった人たちに伝えるうえでコツといえることが1つあります。自分のがんばりを直接的にアピールすると単なる自慢話ととらえられてしまう場合もあるので、**子どもの称賛すべき事実や変容を伝える**のです。具体的にいうと、今日学級で目にした感動的な場面や最近の子どもたちとの楽しい出来事といったことです。

　そういった話は、同じように自分の学級の子どもたちを育てることに一生懸命な先生なら必ず共感的に聞いてくれるはずです。また、自分の子どものよさを伝えられて嫌な気分になる保護者は絶対にいませんし、多くの方は感謝してくれるはずです。

❶教師として自信をもってやっていくためには、自分自身ときちんと向き合い、評価する機会をもつことが大事。
❷自己アピールではなく、子どもの称賛すべき事実や変容を伝えることで、他者からも共感的な理解が得られる。

第3章　教師の自尊感情を高めるコーチングスキル

自身の内面を冷静に見つめ，人間関係の改善を図るスキル

キーワード　エンプティ・チェア

エンプティ・チェアとは

　教師が自信を失う大きな原因の1つに，「人間関係」があります。対子ども，対同僚，対管理職，対保護者など，様々な関係がありますが，学校における人間関係の難しさに頭を悩ませている先生は多いと思います。そういった人間関係の問題に対処するためのスキルの1つに「エンプティ・チェア」があります。

　まず，関係がうまくいっていないと思う人物を1人決め，その人と向かい合って着席する場面をイメージします（実際にいすを2つ準備しましょう）。

　次に，自分がその人物に伝えたいことを（相手がいるかのように）実際に語ってみます。

　言いたいことを出し切ったら，今度は相手側の席に移動し，その人物の立場になりきって反論をします。

　このような**架空のやり取りを繰り返し，自分自身の内面を見つめ直すことによって，人間関係の改善を図っていく**のです。

エンプティ・チェアの具体例

　ここで，エンプティ・チェアの具体例をみてみましょう。
　相手は，いつも自分に対して厳しい管理職です。

自分　やるように指示される仕事がたくさんあるのに、いつも「急げ急げ」と言われても困ります。それに、命令されてばかりでは、やる気がわいてきません。…

　言いたいことを出し切ったら、席をかわり、管理職の立場で反論します。

相手　「急げと言われても困る」というけれど、いつも締切を過ぎて提出してばかりじゃないか。それに、こちらからは、いつも指示を待っているように見えるから、仕方なく命令しているんだけど。…

　ここで表出したのは、実は**潜在的に認識している自分の問題点**です。具体的にいうと、締切を過ぎて提出することが多い事実に後ろめたさを感じており、指示待ち的であることをなんとなく自覚しているということです。相手に対して不満がある場合、自分の内面を冷静に見つめることは難しいものですが、一度相手になりきってみると、それがしやすくなるわけです。
　そして、再度自分の伝えるべきことを考えます。

自分　締切を度々過ぎてしまったことは申し訳ありません。でも、やらなければいけない仕事が多いので、優先順位を示していただけないでしょうか。私も、指示される前に、自分から動くよう気をつけます。

　いつもこのように明快な対処法が見つかるとは限りませんし、それを実際相手に伝えられるかどうかという問題もありますが、自分の内面を冷静に見つめることで、人間関係を改善する手がかりが見えてきます。

●自分の内面を冷静に見つめると、人間関係改善の手がかりが見える。

第3章　教師の自尊感情を高めるコーチングスキル

潜在的な能力や資質を引き出すスキル

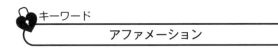

キーワード　アファメーション

アファメーションとは

「アファメーション」とは，自分自身に対する肯定的な宣言のことです。英語の affirmation には，同意，是認といった意味があります。簡単な言い方をするならば「ポジティブな口ぐせ」のことです。

人には，本来備わっているにもかかわらず，自分でそれに気づくことができないために発揮できていない能力や認識できていない資質がたくさんあります。これは大変もったいないことです。

こういった能力や資質に自ら気づいたり，引き出したりするカギが，このアファメーションなのです。

具体例を1つあげてみます。
「よし，今日も元気だ！」
というひと言を口ぐせにしてみるとします。

この口ぐせが毎日すんなり唱えられるということは，その人は忙しい教師生活を日々健康に過ごす資質を有しているということです。

人は，病気になって健康のありがたみに気づくということはよくありますが，健康な状態で自分自身が日々健康であるということを自覚することはなかなかありません。

忙しい教師にとって，日々を健康に過ごすことができる資質というのは何にも代えがたいものですから，それが自覚できるだけでも大きなプラスであ

ると言えます。

アファメーションの具体例

アファメーションには，このほかにもいろいろなものがあります。

「私ならできる！」
非常に単純な口ぐせですが，常に「できる」という意識をもっていれば，新しいことに挑戦するハードルが下がるので，結果として今まで気がつかなかった自分の能力や資質を見つけやすくなります。

「私のクラスは40人全員すばらしい！」
これは，直接的に教師の能力や資質を引き出す口ぐせではなく，担任するクラスの子どもたちの潜在的な能力や資質を引き出すことにつながる口ぐせです。
どんなクラスにもうまくいかない時期はありますし，どうしても悪いところが目立ちがちな子どももいます。しかし，このような口ぐせを常に心の中で唱えるようにしていると，自然とクラスの子どもたちのよい面に目が向くようになり，結果として新たな発見が次々と生まれてきます。

アファメーションのポイント

❶ 現在形を使う
同じ内容でも，過去形を使うとネガティブな意味合いになってしまいます。また，未来形を使うと単なる目標になってしまいます。

❷ ポジティブ言葉を使う
言うまでもないことですが，「できる」「すばらしい」などポジティブなキ

ーワードを埋め込むことが大切です。

❸ できる限り端的に表現する

とにかく短く，シンプルに表現します。複雑な表現では覚えておくことができず，継続できません。

❹ 比較的な表現を用いない

比較的な表現とは，「…より自分は優れている」というようなフレーズです。他者と比較して心的に優位に立っても，自らの隠れた能力や資質に気づくことはできないからです。

❺ 自分が100％信じられる内容にする

例えば，「よし，今日も元気だ！」という口ぐせを，健康に不安を抱えているという自覚がある人が唱えてもつらいばかりです。ですから，現段階で自分が100％信じられる内容にすることが大切です。

アファメーションの効果を高めるコツ

❶ 朝起きたとき or 夜寝る前に唱える

内容にもよりますが，口ぐせを唱えるのは，朝起きたとき，夜寝る前がおすすめです。なぜかというと，これらの時間帯は精神的にリラックスしているので，心に響きやすいからです。

❷ 書き換えることを躊躇しない

アファメーションは目標とは違うので，効果を感じられない，いまいちピンとこなくなった，といった場合はすんなり書き換えましょう。

❸ 紙に書いて掲示する

　気持ちに余裕がなくなってくると唱えることを忘れてしまいがちなので，自分がよく目にする場所に，紙に書いて掲示するというのも効果的です。

- ポジティブな口ぐせを唱え続けることで，自分では気づかなかった能力や資質を引き出すことが可能になる。

参考文献一覧

●国立教育政策研究所　生徒指導・進路指導研究センター『「自尊感情」？それとも,「自己有用感」？』

●国立教育政策研究所　生徒指導・進路指導研究センター『自己肯定感・自己有用感の考え方と育み方』（平成28年11月14日　第１回教育再生実行会議専門調査会）

●木村佳世子『図解　やる気と能力を引き出すNLPコーチング術』（秀和システム）

●木村佳世子『図解　脳のプログラムを入れ替えるNLPコミュニケーション術』（秀和システム）

●鈴木信市『日本一やさしいNLPの学校』（ナツメ社）

●ジェームス・スキナー『成功の９ステップ』（幻冬舎）

●スティーブン・R．コヴィー『７つの習慣―成功には原則があった！』（キングベアー出版）

●ロバート・ディルツ『NLPコーチング』（ヴォイス）

●市毛恵子『カウンセラーのコーチング術』（PHP研究所）

- 榎本英剛『部下を伸ばすコーチングー「命令型マネジメント」から「質問型マネジメント」へ』（PHPビジネス選書）

- 眞下正宏『即実践！　ロジカルコーチング』（すばる舎）

- 岸秀光『プロコーチのコーチング・センスが身につくスキル』（あさ出版）

- 平本相武『コーチング・マジック』（PHP研究所）

- 神谷和宏『図解　先生のためのコーチングハンドブック』（明治図書）

- 神谷和宏『「いじめ・不登校」から子どもを救う！　教室コーチング』（明治図書）

- 神谷和宏『教師のほめ方叱り方コーチング』（学陽書房）

- 神谷和宏『教師のための　子どもが動く！　コーチング50』（金子書房）

- 神谷和宏『教師のための「続ける力」コーチング』（学陽書房）

- 神谷和宏『子どものやる気を引き出すスクールコーチング』（学陽書房）

AFTERWORD
おわりに

　先日，ある中学校の生徒が，自ら列車に飛び込み，命を絶つという悲しい事件がありました。最近，このような事件があちらこちらで報道されています。

　私自身も，幼いときを振り返ってみると，その気持ちがなんとなくわかります。貧しく，酒乱の父親がいる家庭で育った私は，「人生はなんと不平等なんだ」といつも思っていました。周囲の人たちは「君ががんばるしかない」と私を励ましてくれましたが，「いったい何をどうがんばればいいんだ！」と心はすさむばかりでした。いじめられ，時には立ち向かってケンカもしましたが，結果はいつも負け。随分とつらい幼少期でした。

　時が経ち，同様につらい思いをした子どもの気持ちがきっとわかるだろうと，私は教員になりました。しかしながら，幼いころから染みついた，自己有用感・自尊感情の低さは変わらず，子どもを助けるどころか私自身も落ち込むことが多い日々でした。

　そんなときに出会ったのが，コーチングでした。
「そうか，こうすれば，ポジティブな働きかけができるのか」
「こういう方法で，感情をコントロールさせるのか」
「こうなれば，自分らしさを見いださせることができるのか」
まさに私の人生で求めていたものが，そこにあったのです。

　そして，コーチングを学ぶことがライフワークになりました。

「コーチングを通して，つらい状況の子どもに光を当てたい」
　「コーチングを通して，夢を現実にできるようにサポートしたい」
　そんなことを考えるようになりました。
　本書に書いた内容は，机上の空論ではなく，このように実際に私自身が経験してきた真実を書き綴っています。

　「努力はウソをつかない」
　「夢は実現する」
　「ピンチの後にチャンスがある」
　よく耳にする名言であり，人生とはそういうものであると信じたいものです。
　しかし，努力するには，努力の仕方を知らなくてはいけません。
　夢を実現するには，その道のりを正しく理解しなければなりません。
　チャンスをつかむには，その術を心得なくてはいけません。
　子どもたち，特に自己有用感や自尊感情が低い子どもは，多くの場合，努力の仕方，夢を実現する道のり，チャンスをつかむ術を知りません。本書で紹介したコーチングのスキルは，まさにそういった子どもたちを導くためのアプローチの方法です。それらを活用して，自己有用感や自尊感情の高い，幸せな子どもが増えることを心から願っています。
　最後に，本書をこんなにもわかりやすく校正していただきました明治図書出版の矢口郁雄氏に心から感謝と敬意を表します。

2017年6月

神谷　和宏

【著者紹介】
神谷　和宏（かみや　かずひろ）
1960年生まれ。現在愛知県公立中学校教諭。愛知教育大学数学教室を卒業後，中学校教員になる。コーチングの専門機関で学び，プロコーチとなり，現在は教育現場でコーチングを通して子どもの夢をはぐくむ活動を行っている。第45回読売教育賞受賞。

〈著書〉
『アクティブ・ラーニングを動かすコーチング・アプローチ』『図解　先生のためのコーチングハンドブック』『「いじめ・不登校」から子どもを救う！　教室コーチング』（以上明治図書）
『教師のほめ方叱り方コーチング』『子どものやる気を引き出すスクールコーチング』『教師のための「続ける力」コーチング』『○×イラストでわかる！　教師のほめ方叱り方コーチング』（以上学陽書房）
『教師のための　子どもが動く！　コーチング50』（金子書房）

自己有用感・自尊感情を育てる
コーチング・アプローチ

2017年9月初版第1刷刊 ©著　者	神　谷　和　宏	
発行者	藤　原　光　政	
発行所	明治図書出版株式会社	

http://www.meijitosho.co.jp
（企画）矢口郁雄　（校正）大内奈々子
〒114-0023　東京都北区滝野川7-46-1
振替00160-5-151318　電話03(5907)6701
ご注文窓口　電話03(5907)6668

＊検印省略　　組版所　長野印刷商工株式会社

本書の無断コピーは，著作権・出版権にふれます。ご注意ください。

Printed in Japan　　　ISBN978-4-18-227923-2
もれなくクーポンがもらえる！読者アンケートはこちらから →

今日からできる 学級引き締め & 立て直し術

山中 伸之 [著]

　4月には引き締まっていた学級の空気も，時の経過と共にゆるむもの。言葉遣いが少し悪くなった，授業中の挙手がやや減った…小さなことと侮っていると，その先には学級崩壊が待っています。生活面から人間関係まで，学級のゆるみを引き締め，立て直す具体策を一挙紹介！

もくじ

- 第1章　ゆるみのない学級をつくるための大原則
- 第2章　ゆるみのない学級をつくるための5つのポイント
- 第3章　こんなゆるみを，こう引き締め，立て直す！

136ページ／A5判／1,800円+税／図書番号：1846

明治図書　携帯・スマートフォンからは **明治図書ONLINE へ**　書籍の検索，注文ができます。　▶▶▶

http://www.meijitosho.co.jp　＊併記4桁の図書番号（英数字）でHP、携帯での検索・注文が簡単に行えます。

〒114-0023　東京都北区滝野川7-46-1　ご注文窓口　TEL 03-5907-6668　FAX 050-3156-2790

＊価格は全て本体価格表示です。

実務が必ずうまくいく 研究主任の心得 55の心得

藤本 邦昭 著
Fujimoto Kuniaki

A5判／132頁
1,760円+税
図書番号：1745

校内研修の計画書づくりから、研究授業、研究発表会のプロデュース、職員の負担感の軽減まで、研究主任業務の表も裏も知り尽くした著者が明かす、実務の勘所と必ず役に立つ仕事術。若葉マークの研究主任も、この1冊さえあればこわいものなし！

実務が必ずうまくいく 教務主任の心得 55の心得

佐藤 幸司 著
Sato Koji

A5判／128頁
1,800円+税
図書番号：0150

必ず覚えておきたい法規の基礎知識から、教育課程を円滑に編成するためのステップ、知っているだけで仕事が数段楽になるPC活用法まで、現役スーパー教務主任が明かす実務の勘所と必ず役に立つ仕事術。若葉マークの教務主任も、これさえあればこわいものなし！

明治図書　携帯・スマートフォンからは　**明治図書ONLINE へ**　書籍の検索、注文ができます。▶▶▶
http://www.meijitosho.co.jp　＊併記4桁の図書番号（英数字）でHP、携帯での検索・注文が簡単に行えます。
〒114-0023　東京都北区滝野川7-46-1　ご注文窓口　TEL 03-5907-6668　FAX 050-3156-2790

＊価格は全て本体価格表示です。

大好評につき続々重刷

学級力がアップする！

教室掲示 & レイアウト アイデア事典

静岡教育サークル「シリウス」編著

教室の「いいね！」を集めたアイデア事典

子どもの個性が光る係活動のポスター、給食が楽しみになる献立表、教室がスッキリする収納術…などなど、小さな工夫ながら学級の雰囲気がガラッと変わる教室の掲示物やレイアウトのアイデアを、実際の写真とともに多数紹介。さぁ、学びの空間をデザインしよう！

A5判／144頁／1,700円+税
図書番号：1153

明治図書　携帯・スマートフォンからは **明治図書 ONLINE へ**　書籍の検索、注文ができます。　▶▶▶

http://www.meijitosho.co.jp　＊併記4桁の図書番号（英数字）でHP、携帯での検索・注文が簡単に行えます。
〒114-0023　東京都北区滝野川7-46-1　ご注文窓口　TEL 03-5907-6668　FAX 050-3156-2790

＊価格は全て本体価表示です。